Carl Timlich
Priaps Normalschule
die Folge
guter Kinderzucht

Carl Timlich
Priaps Normalschule die Folge guter Kinderzucht

Ein kleiner Roman
in gefühlvollen
und zärtlichen
Briefen

Eulenspiegel Verlag Berlin

Herausgegeben
und mit einer Vorbemerkung von
Wolfgang Schneider

Illustrationen von
Uwe Häntsch

ISBN 3-359-00028-5

Vorbemerkung

Vor der Lektüre dieses Buches kann gar nicht genug gewarnt werden. Auf ganz eigene Weise ward solches dem Herausgeber noch vor der Drucklegung verdeutlicht: Die für die Manuskript-Reinschrift verantwortliche junge Frau und werdende Mutter nämlich, obzwar durch achtmonatige Schwangerschaft in einen natürlichen Abstand sowohl zur Maschine als auch zur Thematik gebracht, wurde beim Lesen des Textes von einem derartigen Lachanfall erschüttert, daß die kleine Katja – Wochen vor dem von modernster Medizintechnik errechneten Termin – ihre Neugier auf die sich so vergnüglich darstellende Welt nicht länger bezähmen wollte und ihren Kopf im wahrsten Wortsinn auch durchsetzte. Möge dem Kind diese schon vor die Wiege gelegte Fröhlichkeit ständiger Begleiter bleiben!

An solche Wirkungen freilich hatte volle zwei Jahrhunderte zuvor der Verfasser des Werkes gewiß nicht gedacht. Wenig ist über nämlichen Carl Timlich bekannt, der sich zuweilen auch Temlich schrieb. Er wurde 1744 im böhmischen Asch geboren, tauchte dann als Fechtmeister zunächst in Salzburg, nachfolgend in Wien auf. Erfahren in mancherlei Künsten, erwarb er sich vornehmlich als Kupferstecher Verdienste, indem er beispielsweise eine »Sammlung merkwürdiger Nationalkostüme des Königreichs Ungarn und Kroatien, nach der Natur gezeichnet in sechzig Blättern« (1816) hinterließ. Reines Phantasieprodukt war hingegen seine 1809 geschaffene »Ausführliche, getreue und richtige Darstellung der berühmten zweitagig blutigen Schlacht« bei Aspern, in der die österreichische Armee Napoleon die erste Niederlage beibrachte. Wie Timlich diese mehr kommerzielle denn künstlerische Unternehmung als »absonderliche Spekulation« und »Courage eigener Art« organisierte, schilderte ein Freund des Meisters:

»Kaum war die Aspernschlacht geschlagen, so trat Timlich auf mit dem gestochenen Plane derselben. Der Plan war fast ganz falsch, nur so aus dem Stegreif, der Länge nach auf einem halben Bogen. Und nun was tut Timlich? Er nimmt ein paar hundert Abdrücke, legt sie auf den Arm wie die Zettelträger und geht aus. Er geht über den Salzgries. Die Leute schauen, sie fragen. ›Die Schlacht von Eßling‹, sagte er, ›die Schlacht von Eßling ganz neu; kostet einen Gulden!‹ In zehn

Minuten hat er fünfzig verkauft. Er geht weiter über den Fischmarkt, verkauft wieder fünfzig oder mehr oder weniger. Er geht weiter zum Roten Turm hinaus; er verkauft wieder fünfzig oder weniger oder mehr. Er geht über die Schlagbrücke (Roteturmbrücke), nimmt Platz auf einer grünen Bank bei Hugelmann heraußen, legt seine Ware auf den Schoß, verkauft wieder fünfzig oder mehr oder weniger. Plötzlich steht er auf und läuft, so schnell seine kolossale plumpe Figur gestattet, zum Kupferdrucker, wieder eine Partie abzuholen, zu schnellem Verkaufe fünfhundert oder weniger oder mehr. Atemlos sitzt er wieder bei Hugelmann, und so geht es fort. Ich will nur sagen: Alles das mitten unter den geschlagenen Franzosen, die gerade die Käufer der meisten Exemplare waren. Und nicht ein Haar wurde dem Manne gekrümmt!

Timlichs Freunde und Bekannte, deren er viele hatte, da er ein rechtschaffener Mann, fürchteten für ihn, aber er lachte, dampfte fort aus seiner Riesenpfeife und warf einen Blick auf seinen alten Hühnerhund. Auf dem Plane stand nicht Aspern, sondern Eßling, wie die Franzosen die Schlacht nannten.«

Nicht nur mit Degen und Grabstichel wußte der vielseitig Begabte umzugehen, sondern auch mit der Feder. Er schrieb Gedichte wie »Gilbert und Zadine« (1785) und Traktate wie »Abhandlung der Fechtkunst auf den Stoß« (1807), die aber sämtlich schon zu Lebzeiten ihres Autors, der am 1. Februar 1825 in Wien starb, in Vergessenheit gerieten – bis eben auf jenes hiermit nunmehr erneut vorgelegte Buch, schon dessen blumiger Titel es dem Ressort des griechischen Fruchtbarkeitsgottes Priapos zuordnet.

Das Erscheinen des kleinformatigen Bandes 1789 in Berlin wirbelte allerhand Staub auf. Heute ist nicht mehr feststellbar, ob allein der zugegebenermaßen eindeutig erotische Inhalt das Mißfallen der hochwohllöblichen Obrigkeit erregte, oder ob das »Erneuerte Censur-Edict« von 1788, mit dem der bigotte Justiz- und Kultusminister von Wöllner der »friderizianischen Aufklärung« den Kampf ansagte, die Verfolgung des Buches bewirkte. Jedenfalls wurde – im Jahr des Beginns der bürgerlichen Französischen Revolution – eine regelrechte Jagd auf den mißliebigen Druck veranstaltet, dieser bis auf fünf damals nicht mehr auffindbare Exemplare eingezogen und öffentlich verbrannt.

Bald war auch der Verfasser der anonym erschienenen Schrift festgestellt und in fünfmonatige Kerkerhaft genommen.

Geht man davon aus, daß jedes literarische Werk ein Stück der Persönlichkeit seines Schöpfers spiegelt, so muß Timlich wohl nicht nur als Fechter eine gute Klinge geführt haben. Sein Buch lebt von praller Sinneslust, eingebettet in einen naiv-ursprünglichen, sich insbesondere in köstlicher Situationskomik artikulierenden Humor, der dem pausenlosen Nahkampfgeschehen die obszöne Spitze nimmt. Hier geht es nicht um lasterhafte Liebesraffinesse, sondern um gesunde Leibeslust, und dies in der derben Drastik der Sprache des Volkes. In fünfundzwanzig »gefühlvollen und zärtlichen« Briefen läßt der Autor Wilhelm und Heinrich einerseits, Ernestinchen und Fiekchen andererseits freimütig ihre amourösen Abenteuer schildern und uns Begleiter sein von deren ersten tastenden Schritten an. Daß diese ganze Hindernisstrecke nicht im tändelnden Rokokoschuh adliger »Schäfer« durchtänzelt, sondern im plumpen teutschen Kanonenstiefel durchpoltert wird, gibt dem Buch einen ganz eigenen Reiz und macht es zudem durch ungeschminkten Realismus zu einem Sittenbild seiner Zeit und seiner Lande.

Der vorliegende Text folgt einem 1912 in Leipzig ausschließlich für Subskribenten in vierhundert numerierten Exemplaren hergestellten Faksimiledruck, der nach einem der Vernichtung entgangenen Band der Erstauflage veranstaltet wurde. Unter Wahrung des Lautstandes erfolgte eine behutsame orthographisch-grammatische Modernisierung; offensichtliche Druckfehler wurden stillschweigend berichtigt, ebenso zahlreiche bewußt ironisierende Fremdwortentstellungen, soweit sie sich dem heutigen Verständnis entziehen.

Wolfgang Schneider

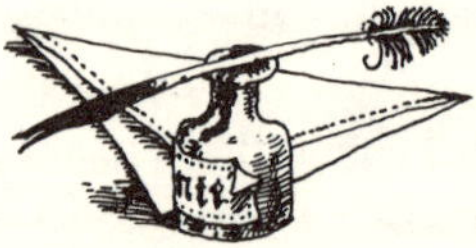

Erster Brief
Wilhelm an Heinrich

Liebster Heinrich!

Seit ich Dich nicht mehr sehe, glaube ich mich gänzlich verwaist. Du warest mir allezeit mehr als Vater und Mutter. Dir konnt' ich mein Herz ausschütten; aber wem soll ich es itzt? Ich habe hier einen einzigen Bekannten namens Friederich. Er sitzt in der Schule gleich neben mir. Wir verplaudern oft ganze Stunden daselbst und bestehen gleichwohl, wenn uns der Lehrer aufrufet, weil einer dem andern aus dem Buche einbläset. O das ist Dir eine herrliche Lust, wenn man dem Herrn Schwarzrock so eine Nase drehen kann! – Er mag den Tabaksrauch nicht leiden. Gestern bohrte einer von uns ein Loch durch die Türe und blies selben von außen in solcher Menge zur Klasse herein, daß der Herr Terzius alsobald schließen mußte.

Wir wandten diese Zeit zum Spazieren an, und da gleich Vogelschießen war, begaben wir uns dahin und fanden eine große Gesellschaft beiderlei Geschlechtes. Als wir eine Weile zugesehen hatten, entstand in dem dabei aufgeschlagenen Zelte ein heftiger Streit. Ich kann Dir den Anfang nicht berichten, aber das hört' ich, daß ein Bürger zum dasigen Förster sagte: »Herr, was untersteht Er sich, meiner Frau ans Maul zu riechen?« Der Förster gab ihm eine Ohrfeige, daß ihm die Mütze vom Kopfe flog, und nun kam's zu Schlägen. Mir war schon bang um den armen Förster, und wenn ich nicht Schulstrafe gefürchtet hätte, würd' ich ihm geholfen haben; denn er ist ein braver Kerl, und jeder Schüler liebet ihn. Er kann verschiedene Künste. Zum Exempel prunzet er Dir so weit und hoch, daß es bis in die Fenster des ersten Stockes eines Hauses gehet. Zwanzig Maß Bier sind ihm nur gepfiffen. Unter andern sagen sie von ihm, daß er einen Schwanz wie ein Esel hätte, und wünschen sich alle ebensolche.

Ich meines Orts halte dies für keinen Ruhm, wenn man menschliche Eigenschaften mit eselischen vergleichet. Ich habe Eselsschwänze gesehen, als ich vor der Stadtmühle vorbeiging, und wenn er eben einen solchen hätte, so wär' er nicht imstande, ihn in die Hosen zu bringen. Ich kann es also nicht glauben. Dem sei aber, wie ihm wolle, so bin ich mit dem meinigen zufrieden, ob mich gleich Friederich schon oft darüber ausgelachet und ihn einen Regenwurm genannt hat. Zu was brauch' ich ihn denn sonst als zum Prunzen;

und ist er etwa zu dieser Verrichtung nicht groß genug?

Bei dieser Gelegenheit muß ich Dir etwas im Vertrauen eröffnen, wovon Du aber meinen Eltern, um ihnen kein schweres Herz zu machen, nichts sagen mußt. Ich habe seit einiger Zeit einen unglücklichen Umstand. Fast alle Morgen, wenn ich noch im Bette liege, fühl' ich eine gewaltige Erhärtung dran. Da wird er so steif wie ein Haselstecken; doch spüre ich meistens Linderung, sobald ich aufstehe und das Wasser lasse. Bisweilen hilft aber auch dieses nicht.

Neulich ging mein Kostherr mit seiner Frau in die Kirche und ließ mich bei seiner Sophie, die mit mir fast von gleichem Alter ist, allein. Er war kaum weg, so nahm sie mich bei der Hand und tanzte mit mir in der Stube herum. Wir wurden müde und wollten uns setzen; weil aber nur ein einziger Sessel da war, so setzte ich mich und nahm sie auf den Schoß. Als ich sie ein Weilchen gehalten hatte, kam meine Erhärtung. Er kitzelte mich gewaltig und machte so heftige konvulsivische Bewegungen, als ob er das Fieber hätte. Ich konnt' es nicht mehr aushalten und ging hinaus, mein Wasser zu lassen; aber diesmal half es nicht. Kaum nahm ich sie wieder auf den Schoß, so stellte sich auch mein Zustand wieder ein. Ich hätte mich fast zu Tode prunzen mögen. Fast alle

Augenblicke ging ich hinaus und konnte keinen Tropfen mehr erzwingen, und dennoch ließ es nicht nach.

Wir sind seitdem öfters beisammen gewesen, und da hatt' ich allemal meine Not. Gestern wieder. Ich stand neben ihr, als sie saß, und es peinigte mich so, daß mir die Hitze ins Gesicht stieg. Auf einmal fuhr sie mit der Hand nach meinen Hosen und knipp mich bei der Spitze daran, wozu sie laut lachte und gleich davonlief. Ich hätte darauf vor Kitzel fast vergehen mögen.

Was soll ich daraus schließen? – Sollte wohl das junge Mädchen schon etwas von der Hexerei verstehen? – Alte Weiber, sagt man zwar, seien gemeiniglich Hexen, aber so jung – und dennoch, Bruder, ist es nicht anders. Sie hat es mir getan – ist eine Hexe. Wie schade ist es nicht um sie! Mir ist angst um ihre Seele, die gewiß verlorengehet, wenn die Zeit ihres Paktes mit dem Bösen aus ist. – Und ihr Vater ist Oberpastor bei der Stadtkirche. – Welche Schande für die geistliche Familie! – Ob ich ihm wohl die sündliche Kunst seiner Tochter entdecke, damit er sie kraft seines Amtes von dem Unholde losmache? – Ich will Dir noch einen Beweis geben, daß die Sache richtig ist.

Ihre Kammer ist der meinigen gegenüber. Eben gestern, nachdem sie davongelaufen war, hört ich darinnen ein Geräusch. Die Neugierde trieb mich, sie durch das offene Schlüsselloch zu beobachten. Lange hielt mich die Furcht zurück, ich möchte den leidigen Satan bei ihr erblicken und für meine Naseweisheit übel bezahlet werden; ich panzerte mich aber mit den Waffen des Glaubens, betete ein Vaterunser, und nun schielt' ich hinein. Was sah ich? Den Teufel zwar nicht, aber ebensoviel.

Fiekchen saß in einem Winkel auf dem Boden mit entblößtem Unterleibe. Um sie her lag in einem Zauberkreise eine Menge Petersilienwurzeln und gelbe Rüben, die zum Teil ebenso geformet waren als meine Ente. Sie nahm eine um die andere und düpfte sich damit in die Schenkelfügung, wobei sie ihre Beschwörung still murmelte und mit untermengten Seufzern die Augen verdrehte, als ob sie ihren Geist aufgeben wollte. Mit Endigung dieser Zeremonie ließ sie die Arme sinken und fiel auf eine Minute lang in Verzückung. Endlich stand sie wieder auf, und ich entfernte mich so geschwind als möglich.

Sind Dir das nicht Beweise genug, daß sie eine Zauberin ist? – Ja, Bruder, es hat seine Richtigkeit. Sie hat mir meinen Übelstand getan und eben gestern wieder neue Kräuter gemischet, mich ferner darin zu erhalten. Von der Gewißheit ihrer Wirkung muß ich Dir sagen, daß sich schon

beim Zuschauen am Schlüsselloch meine Verhärtung wieder einfand und bereits ziemlich hoch gestiegen war, als ich mich zum Glücke wegbegab.

Die kleine Boshafte! – Wer wird mir helfen, oder was soll ich anfangen? – Erteile mir doch deinen freundschaftlichen Rat darüber, eher will ich nichts unternehmen; denn sie ist ein gar hübsches, lustiges Mädchen, und ich möchte sie nicht gerne zum Scheiterhaufen befördern.

Nach so langen Umschweifen komm' ich wieder auf unsern Förster. Der Bürger hatte schon eine blutige Nase und rief seine Frau zu Hilfe. Sie eilte hinzu, nahm den Mann in die Arme und drückte ihn fest an sich. Dadurch bekam der Förster Gelegenheit, ihn erst recht zu walken. Man rechnet ihr dies für Bosheit an und behauptet, daß der Förster mit ihr zu tun gehabt habe. Ich glaube vielmehr, daß sie diesen Fehler aus Unerfahrenheit im Raufen begangen und daß es töricht sei, in Schlägereien eine Frau zur Hilfe zu rufen.

Übrigens lasse ich zu, daß der Förster mit ihr zu tun gehabt hat; aber ist denn das was Böses, wenn man zu tun hat? Heißt es nicht: Müßiggang ist des Teufels Ruhebank? Indessen habe ich oft sagen hören: »Der Mann hat hübsch zu tun.« – Also muß es doch etwas Gutes sein, wenn man zu tun hat. Lebe wohl. Ich bin

Dein Wilhelm

Zweiter Brief
Ernestinchen an Fiekchen

Liebes Fiekchen!

Sage mir nur, was Du machest, daß Du gar nicht an mich schreibest? Bist Du denn etwa eine Monatrose, die kaum aufkeimet, um sogleich der Welt wieder zu entwelken? – Das heiße ich Versprechen halten! – Wohl, weil Du Deine Pflicht vergessen hast, so will ich Dich beschämen und Dir zuerst schreiben.

Mein neues Kosthaus will mir gar nicht behagen; den ganzen Tag muß ich stricken und darf nicht aus dem Hause. Desto mehr genießet meine Frau Tante die frische Abendluft. Sobald da die Abendglocke geläutet wird, macht sie sich in einem leichten Korsett und Rocke, den sie nur das Appetitsröckchen nennet, auf die Strümpfe, schleicht sich um die Gottesackermauer herum und kömmt nicht eher wieder, als bis Abendbrot aufgetragen wird, und da – ißt sie immer für drei Personen. Der gute, ehrliche Pfarrer, mein Onkel, freuet sich allemal, wenn er sie so bei Appetit siehet. »Nun, Gott segne dir's«, sagt' er neulich.

»Was wollt' ich darum geben, wenn ich deinen Magen hätte! Essen kannst du, teure Hälfte, als wenn du ins Tagelohn gingest.« – Ich hörte, daß eine von unsern Mägden sagte: »Ist es denn ein Wunder, wenn sie sich beständig vom Rittmeister von R** reiten läßt?« Das dumme, einfältige Vieh! – Wie sollte der Rittmeister die Frau Tante reiten können, da er noch halb so größer ist als sie? Sie könnt' ihn ja gar nicht tragen, und wenn das auch möglich wäre, so möcht' ich einmal die allerliebste Positur sehen, wenn er so auf ihr säße und seine Füße schleppten auf der Erde! Überdies hat er selbst vier schöne Pferde, die gewiß einen besseren Galopp laufen als die Frau Pfarrerin.

Er ist ein sehr braver Mann, und der Herr Pfarrer spielet öfters das Damenbrett mit ihm, wenn er bei uns ist; ist aber der Onkel über Land, so sperret sich die Frau Tante mit ihm in die Stöhnerstube ein. Ich kann nicht erraten, was sie da machen, aber ich glaube wohl, sie lernet ihm Beten, weil sie sehr stark darin ist, die Herren Soldaten aber just da nicht zum allerbesten beschlagen sind. Nach dem Gebete sehe ich die Frau Tante immer Wasser und Handtuch hineintragen, das mich schon oft auf den Gedanken gebracht hat, ob dem Herrn Rittmeister nicht so was vom Alten Testamente oder Alkoran aus der Familie anklebe, wo gerne gewaschen wird.

Wenn ich ihm unrecht tue, so vergebe mir's der Himmel. Ich bin ihm wirklich nicht feind; aber er hat kuriose Moden an sich. Anstatt mir bisweilen die Hand zu küssen, greifet er mir an den Busen und schiebt mir das Halstuch weg, damit er mich recht aufs Lebendige küssen kann. Nach diesem wechselt er die Hände, legt mir eine auf den Hintern und drückt mich etliche Mal mit solcher Gewalt an sich, daß mir ordentlich warm dabei wird. Was das nun für ein Gebrauch der Höflichkeit sein muß? – Ich habe wohl gelesen, daß sich die Indianer beim Gruße die Nasen berühren; aber was dieser Gruß für ein Landsmann ist, möcht' ich wohl wissen. Er macht's der Frau Tante bisweilen ebenso, aber ich mag sie nicht darum befragen; denn ich will mich nicht gegen sie bloßgeben, daß ich noch so schlecht in der Lektüre bewandert bin.

O höre! Gestern erfuhr ich Dir etwas Neues. Es solle Konsistorium über einen Bauer und sein Weib gehalten werden, das sich von ihm scheiden lassen wollte. Ehe es anging, füttert' ich im Hofe die Hühner. Als ich aus dem Stalle gehen wollte, hört' ich hinter der Türe einen starken Knaller (Du verstehest mich schon) aus der hinteren Batterie. Ich glaubte, es wäre unsere Viehmagd, und wollte sie durch die Lücke belauschen, sah aber den Bauer da stehen. Er knöpfte just seine Hosen auf und zog etwas Fleischernes heraus, das einem starken Rinderdarme ähnlich sah. Er nahm das Ding bei der Mitte und schlug sich's auf beiden Seiten an die Schenkel. Mit einmal füllte es sich wie eine Leberwurst und wurde so strotzend, daß es ihm von selbst, wie eine Stange, vorm Leib stand.

Er zog itzt vornen eine Gattung von Fuhrmannsmütze zurück, und nun zeigte sich ein roter Kopf von antiker Form. Oben über dem Wirbel hatt' er eine tiefe Schmarre, wie von einem Säbelhiebe, und gab eine Menge dampfendes Wasser von sich. Endlich reicht ihm der Bauer eine Ohrfeige, worauf es in die Höhe schnalzte, als ob es ihm ins Gesicht springen wollte. Der Bauer zog darauf einen großen ledernen Beutel, der das Rauche außen hatte, worinnen (wie mich dünkte) zween Knollen Geld waren. Vermutlich wollt' er das Tier damit für die Ohrfeige bezahlen; es gab sich auch gleich zur Ruhe, und er stopfte beides wieder in die Hosen, knöpfte sie zu und ging.

Wunderlich kömmt es mir vor, daß er sein Geld zwischen den Schenkeln verborgen. Das muß sehr unbequem zu tragen sein. Wenn aber der Beutel zu dem Dinge gehöret hat, liebes Fiekchen, so kannst Du Dir keine bessere Vorstellung von ihm machen, als wenn Du einen kurzen, umgekehrten Klingelbeutel in der Kirche ansiehest.

Wie die Versammlung zum Konsistorium beisammen war, ging ich in die Kammer, die daran stieß, und lauschete vor der Türe. Ich hörte weiter nichts, als daß sich sein Weib beschwerte, daß er ihm nicht gehörig aufdamen wolle.

Liebes Fiekchen, es ist doch traurig, wenn sich Eheleute um so eine Kleinigkeit zertragen — wegen dem Aufdamen. Wenn der Herr Rittmeister und meine Frau Tante Dame spielen, da ist niemand geschwinder mit dem Aufdamen als er, aber er kömmt ihr auch immer in die Dame; hingegen wenn er mit dem Onkel spielet, da geben sie sich alle Mühe, einander die Dame zu verwehren. Aber man sollte doch aus solchen Kleinigkeiten nicht so viel Wesens machen. Lebe wohl, ich bin

Dein Ernestinchen

Dritter Brief
Heinrich an Wilhelm

Liebster Wilhelm!

Nun bin ich recht froh, daß ich nicht der einzige Leidende in der Welt bin. Wisse, mich hat das nämliche Schicksal betroffen, das Du jüngst mir klagtest. Du weißt, daß ich bisher immer mit unserer alten Katharine, die mich auferzogen hat, zu Bette gehen müssen. Jüngst erwacht' ich in der Nacht. Ich furchte mich und kroch näher an sie. Bei dieser Gelegenheit kam ich an den Hintern und wurd' einen Büschel Flachs oder Werg gewahr (was es sein mochte), das sie vermutlich den Abend vorher der Mama gestohlen und zwischen die Beine verborgen haben mochte, bis sie es den andern Tag verpraktizieren könnte.

Ich zog daran, so stark ich konnte, um es ihr wegzurupfen; es hielt aber sehr fest, doch wachte sie darüber auf. Ich hielt ihr itzt ihren Diebstahl vor. Lange gab sie mir keine Antwort, als ich aber immer fortfuhr, sie zu schrauben, fing sie an zu weinen und sagte: Wenn ich nicht aufhörte und nur ein Wort zur Mama spräche, würde sie sich ins Wasser stürzen. Ich versprach ihr, nicht allein zu schweigen, sondern ihr auch den andern Tag noch einen recht großen Wickel Werg aus der Flachskammer dazuzugeben. Ich hielt auch mein Wort; demohngeachtet war sie nicht mehr zu bewegen, mich bei sich schlafen zu lassen. Sie übernahm die Küchenwäsche, und die Mama übergab mich der Jungemagd zur Aufsicht.

Sie heißt Theichen. Die ersten Tage machte sie nicht viel Wesens mit mir, bis gestern morgens, als Papa und Mama noch schliefen und ich ohne Hosen auf der Ofenbank saß; da hob sie mir das Hemde mit diesen Worten in die Höhe: »So zeige mir doch dein kleines Nudelchen!« Sie fing nun damit zu spielen an, und ich hielt ganz still. Bald darauf wickelte sie es zwischen beiden Händen gelind hin und wider, so, wie die Bäcker ihre Brezen zu strecken pflegen oder der Apotheker seinen Pillenteig. Nach und nach fing es mir an zu schwellen und wurde beinhart. Sie wickelte immerfort, bis es mich mit Gewalt jückte und einige Tropfen Wasser herausspritzten, die ihren Busen benetzten, worauf es nach und nach gänzlich wieder zusammenfiel. Sie wischte sich solchen mit ihrem Tüchelchen rein, gleichwie mein Nudelchen, wobei sie es unter den Worten: »O du kleines zuckendes Zippelchen! – An dir werde ich noch viel Freude erleben« inbrünstig küßte.

Ich sagt' es der Mama, daß mich Theichen gewickelt hätte. »Das ist mir lieb«, antwortete sie, »so darf ich dir keinen Friseur halten, wenn sich Theichen dazu applizieren will. Es ist zwar nicht in ihren Dienst eingedungen, aber ich werde sie dafür besonders beschenken.« – Morgen muß sie mich wieder wickeln, und ich werde sie dann der Mama wegen ihres Diensteifers so empfehlen, daß ihr ein guter heiliger Christ nicht entgehen soll. Leb wohl. Ich bin

Dein Heinrich

Vierter Brief
Fiekchen an Ernestinchen

Liebes Ernestinchen!

Ich habe Deinen Brief richtig erhalten. Wär' er um acht Tage eher gekommen, so würd' ich mich über die Sachen, die Du mir geschrieben, höchst verwundert haben; aber ich bin seit dieser Zeit so aufgekläret worden, daß mir jedes Wort ein neuer Grund zu frischem Gelächter war.

Sage mir doch, mein gutes Kind, wenn Dir der Herr Rittmeister die Hand auf den Hintern leget, Dich so an sich drücket und küsset – spürest Du nicht, daß sich dann eine ebensolche Gattung von Leberwurst, umgekehrtem Klingelbeutel oder wildem Tiere in seinen Hosen erzürnet und Dir durch die Schürze einige modeste Schneller oder Drücke gibt? – Indessen eröffn' ich Dir im Vertrauen, daß ich nun die Ehre habe, dieses Ding persönlich zu kennen. Höre!

Vorigen Sonnabendnachmittag kam mein Papa gleich aus der Beichte nach Hause. Er küßte die Mama und fragte: »Wo ist Fiekchen?« Ich steckte hinter dem Ofen und rührte mich nicht, weil ich kurz zuvor sein Trinkglas zerbrochen und Schläge fürchtete. Er trug, nachdem er zuvor seine Beichtgroschen auf den Tisch geworfen hatte, die Mama auf das Bette, über welches er sie hinlegte, und kam unter seinem Priesterrocke mit einer Maschine hervor, die eher einer großen Stange Rapée als einer Leberwurst gleich sah. Er deckte der Mama, die aus Furcht die Augen zuhielt, die Röcke in die Höhe und setzte sie ihr an den bloßen Bauch. Sie zückte erst ein bißchen, als er es ihr aber in etlichen Stößen in den Leib geschoben hatte, hielt sie zu meiner Verwunderung ganz still, schlang die Arme um ihn und spielte mit den Lippen an seinen leinenen Gesetztafeln. Er wackelte nun ganz entsetzlich mit dem Hintern; endlich pfropfte er noch einmal so geschwind als im Anfange, und plötzlich hört' er auf und sank mit der Nase über der Mama Schulter hin. Ich benutzte diesen Augenblick und schlich zur Türe hinaus.

Nachdem ich mich etliche Tage lang dem tiefsten Nachdenken überlassen, macht' ich endlich den Schluß, daß mehr Männer dergleichen Dinger haben müßten; fand auch wirklich, daß unser Wilhelm eines habe, weil ich es durch seine Beinkleider wahrnahm und sogar auf den Raub befühlte. Gestern war ich mit ihm im Garten, Salat zu holen. Wir kollerten eine Weile auf dem

Grase; endlich frug er, ob wir nicht ein Spiel machen wollten. Ich schlug ihm das Papaspiel vor, aber er versicherte mich bei seiner Ehrlichkeit, daß er es nicht kenne, bat mich, es ihm zu lernen, und – ich gewährte seine Bitte.

Ich sah mich um und erblickt' ein trockenes Mistbeet, auf welches ich ihn mich tragen hieß. Itzt fragt' er mich, was er weiter anfangen solle; es fiel mir schwer zu sagen, aber ich half mir mit Winken. Schon hatt' er den Oberrock in die Höhe gehoben, als die Gartentüre aufging und der Papa mit der Frau eines Hanswursts, der nebst seinem Herrn, dem Zahnarzt, eben bei uns auf dem Jahrmarkte war, eintrat.

Er sah mich in dieser Positur liegen und fragte mich, was Wilhelm mit mir gemachet habe. Ich antwortete ihm weinend: »Der lose Junge! – Da hat er mir meine Nuß aufschlagen wollen, die mir der Herr Kantor schenkte, und weil ich sie ihm nicht gab, wollt' er mir den Hintern klatschen.« Wilhelm sagte, es sei nicht wahr, und wollte weiterreden, als ich ihm winkte. Er verstand es und schwieg. »Nicht doch, Kinder«, sagte Papa, »laßt mir die Nüsse stehen, bis sie reif sind; und du, Wilhelm, der Arsch meiner Tochter ist nicht mit in dein Kostgeld eingedungen. – Itzt geht nur nach Hause.« Wir nahmen unsere Salatbündel und gingen.

Siehest Du, liebstes Fiekchen, wie herrlich ich mich aus der Affaire gezogen habe? – Ja, lügen kann ich ganz passabel und will es (mit Gottes Hilfe) darin auch noch weiterbringen.

Ich habe gehöret, daß es Leute gäbe, die das, was sie lügen, zuletzt selbst glauben. So weit möcht' ich kommen. Da würde ich ja im Glauben stark werden; denn mein Papa spricht immer von der Kanzel dem Volke zu: »Stärket euren Glauben! Selig sind, die da nicht sehen und doch glauben!« – Auf solche Art wäre der letzte Ausspruch gewiß vollkommen erfüllet; denn wer so lügt, der sieht nichts und hat es nie gesehen und glaubet es dennoch mit vollkommenster Stärke.

Der Papa hat oft gesagt, die Hanswürste seien eine sündliche Profession, und man könne mit gutem Gewissen keinen kommunizieren lassen. Vermutlich hat er deswegen seine Frau mit in den Garten genommen, um ihr unter vier Augen den bösen Lebenswandel ihres Mannes zu Gemüt zu führen und sie zuerst zu bekehren. – Lebe wohl; ich küsse Dich und bin

Dein Fiekchen

Fünfter Brief
Wilhelm an Heinrich

Liebster Heinrich!

Nun bin ich gewiß überzeuget, daß Fiekchen eine mächtige Zauberin ist; denn sie selbst hat mich von meinem Übelstand erlöset. Gestern nachmittags rufte sie mich in ihre Kammer und verschloß die Türe. »Komm her«, sagte sie, »ich will dich das Papaspiel vollends lehren.« – »So weit waren wir gekommen«, fuhr sie fort und legte sich mit aufgedecktem Oberrocke quer über das Bette. »Nun mache weiter!« Sie erklärte sich itzt deutlicher. Ich mußt' ihr Unterrrock und Hemd aufschlagen und meine Pique an den Bauch setzen. Ich fühlte da ein kleines Gebräme und bekam Lust, dies Phänomenon näher zu betrachten, aber sie erlaubt' es nicht.

»So stoße zu!« sagte sie. Ich befolgt' es und rannt' ihr dermaßen damit auf den Leib, daß sie hätte zerbrechen mögen. Es mußt' ihr ebenso weh getan haben als mir, denn sie zückte; aber bald machte sie einige Bewegungen, und da fühlt' ich, daß ich auf etwas Nasses kam. Sie hieß mich noch einmal zustoßen, und als ich zauderte, zog sie mich bei beiden Westentaschen so fest an sich, daß meine Ente ihr mitten in den Leib drang. Ich erschrak über diese Begebenheit, aber sie lachte. Dies machte mir wieder Mut, und ich blieb so eine ganze Weile auf ihr liegen. Sie sagte mir nunmehr, daß ich mit dem Hintern wackeln müsse, worauf ich ebenso zur Seite hin und her wackelte wie ein Schlösser, der mit dem Brecheisen etwas ausheben will. Dies war nun freilich der recht Modus nicht, wie ich nachher erfuhr. Mit bitterm Gesichte warf sie mich von sich herab und hieß mich einen Tölpel, zeigte mir mit verächtlicher Miene den Rücken und ging.

Niemand war trauriger als ich, weil ich Fiekchen beleidigt hatte und glaubte, ich hätt' ihr weh getan. Ich suchte sie zu besänftigen, kauft' ihr täglich die besten Kuchen, und nach vier Tagen bekam ich ein besseres Gesicht. Wir waren wieder allein. Sie saß auf dem Tisch und hatte die Füße auf der Bank. Ich setzte mich auf die Bank und fing mit ihren Füßen zu spielen an. Nach und nach kam ich immer höher bis an den Bauch zu der kleinen Spaltung, und sogleich war meine Erhärtung wieder da. Eine Zeitlang zupft' ich gelind an ihren weichen Härchen, und da sie ruhig blieb, fuhr ich immer fort. »Bist du noch böse auf mich, Fiekchen«, fragt' ich, »daß ich dich letzthin zu stark gestoßen?« – »Oh gehe doch!« – »Aber – willst du denn nicht noch einmal mit mir spielen? – Komm – ach komm doch, Engel!« – Sie klopfte mir die Backen, küßte mich und stand auf.

Ich trug sie auf ihres Papas Bette und war gleich mit allen Anstalten fertig. »Aber«, fing sie an, »du mußt dich heute gescheuter aufführen, nicht hin und her wackeln, sondern rückwärts und vorwärts, wie es unser kleiner Mordar machet mit der Belline.« – »Nu, nu, ich will schon machen«, sagt' ich und tauchte mein Schwänzchen in ihre Wunde, daß es bis an den Beutel darinnen stak. Itzt fing ich an zu wackeln. O wenn ich Dir doch das angenehme Jücken beschreiben könnte, welches ich da empfand! Auf einmal konnt' ich mich nicht mehr enthalten und pfropfte aus allen Kräften los, daß ich mir fast meine kleinen Eier im Säckchen zerquetschet hätte und Fiekchen mich (vermutlich aus Schmerz) zurückstoßen wollte. Aber ich hatte mich so fest angeklammert, daß alles vergebens war, und fuhr so lange mit Ungestüm fort, bis mir jähling so wohl und wunderlich wurde, daß mir die Knie sanken und ich, ganz außer mir selbst, auf ihr liegenblieb.

Sie hatte unter währendem Spiel heftig Atem geholet, und itzt machte sie solche Züge nach Luft, die recht aus dem Innersten gingen. Ihr

Auge war geschlossen, die schöne Brust wallte beständig auf und nieder, und ihre Arme lagen zur Seite geschleudert, als ich, der am ersten wieder zu sich kam, sie anblickte.

Nun hatt' ich Zeit, ihren Tempel der Wonne recht zu betrachten. Das süße Löchelchen stand noch etwas voneinander, wie eine halb eröffnete Auster, und sückerte tropfenweise einen weißlichen Schaum von sich, der schon ganz ihre Schenkel befeuchtet hatte und wie Perlentau auf jungen Lilien anzusehen war. Ich küßte sie mit Entzücken und bedeckte sie mit ihren Kleidern. Sie erwachte wieder, fiel mir um den Hals und weinte. »Ach Wilhelm! – Itzt gehe, ich bitte dich; es möchte jemand kommen. Ein andermal mehr.«

Sie hatte auch kaum ausgeredet, als ich die Haustüre knarren hörte. Ich schlich mich geschwind in meine Kammer. Es waren Fiekchens Eltern. Vermutlich werden sie es ihr angesehen haben, daß etwas vorgegangen, denn ihre Haube war sehr zerrüttet; aber Fiekchen weiß sich zu helfen, denn sie ist nicht auf den Kopf gefallen, und lügen kann sie Dir, als wenn's gedruckt wäre. Lebe wohl. Ich muß schließen; denn bei der Erinnerung jückt es mich wieder so gewaltig, daß ich mich zu Bette legen und sehen muß, ob ich einschlafen kann. Ich bin

Dein Wilhelm

Sechster Brief
Ernestinchen an Fiekchen

Liebes Fiekchen!

Ich kann Dir doch endlich schreiben, daß das wirklich wahr ist, was ich nimmermehr geglaubet hätte; nämlich daß der Herr Rittmeister die Frau Tante reitet. In der Tat sieht die Positur, die sie beide machen, nicht so gar lächerlich aus, als ich mir wegen der Größe des Herrn Rittmeisters vorgestellet hätte. Ich will Dir treulich erzählen, was ich gesehen habe:

Gestern war ich in der Wagenschupsen und huckte just neben einer alten Radewelle, als sie vor mir vorbeischlichen. Ich hielt mich ganz ruhig. Sie blieben bei dem Mistwagen stehen, und die Frau Tante stützte sich mit beiden Händen auf die Wagendeichsel. Da sie sich noch einmal umsah, sagte der Herr Rittmeister zu ihr: »Sei'n Sie nur ruhig, Frau Magisterin, ich will Ihnen die Schabracke schon selbst aufheben.« Er legte ihr dann solche nebst dem Hemde auf den Rücken und machte sich gleichsam einen Sattel; aber es ging nicht so, wie ich dachte. Er blieb hinter ihr stehen, und nachdem er zwischen ihrem Hintern und seinem Leibe mit beiden Händen genisselt, rückt' er ganz nahe an sie, legte die Hände auf ihren Rücken, als wenn er sich anhalten wollte, bog sich mit dem Oberleibe vor wie ein Husar und ruderte wie ein Bauer, der seine alte Gurre von der Stelle bringen will, ausgenommen, daß er sie nicht spornte.

Die Frau Tante kehrte sich nicht im mindesten daran, sondern hielt ihre Deichsel fest. Es ist ihr auch nicht zu verdenken, denn sie hat einen Kinderfuß, und überhaupt ist das Pedal nichts mehr nutz. Ich hätte gewiß mit ihm über den Wagen weggesetzt. Es dauerte nicht lange, so machte er einen Kniebug wie unsre Bauern, wenn sie um den Altar gehen; und damit hatte der Betteltanz ein Ende, und sie gingen.

Liebes Fiekchen, Du hast mich durch Deinen Brief auf des Herrn Rittmeisters Hosentürchen sehr aufmerksam gemachet, und ich habe befunden, daß er eben einen solchen Schwengel darinnen haben muß wie Dein Bauer, nur daß er vielleicht die Blessur über den Kopf nicht hat. Kaum hatt' ich diese Stelle gelesen, so trat er zur Türe herein und satzte sich nieder. Gleich nach ihm kam auch die Frau Tante. Er grüßte sie wie gewöhnlich, und da ich wie ein Heftelmacher achtgab, so merkt' ich gleich darauf, daß vornen an

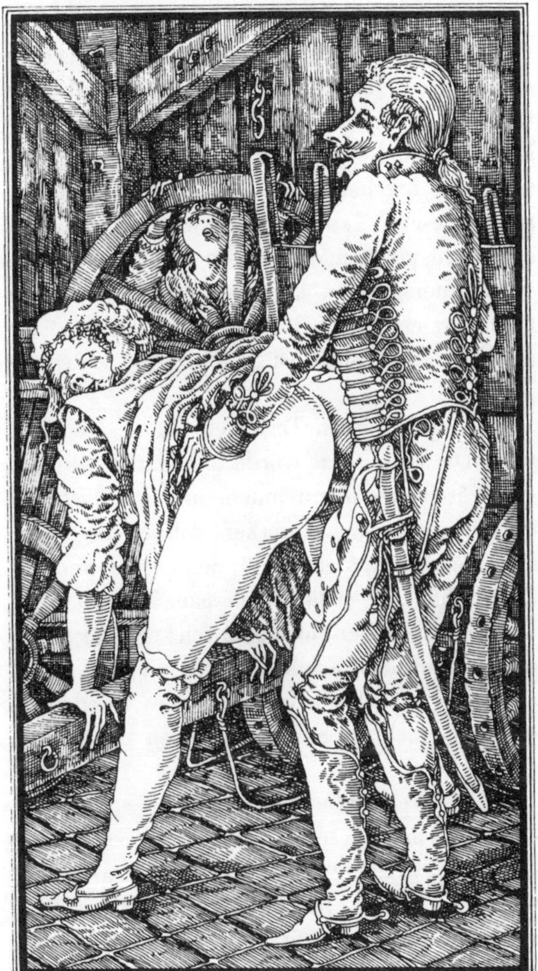

seinen ledernen Hosen, die ihm wie angegossen anliegen, ein Riegel wurde, der nach und nach wie eine Nudelwalze anschwoll. Er machte zugleich starke Bewegungen, als ob er durch sein Gefängnis brechen wollte, die (wie mich dünkte) auf meine Frau Tante gerichtet waren. Er muß sie doch sehr gut kennen, weil er sie sogar im Finstern unterscheiden kann und ihr sogleich die Honneurs erzeigen will. Vermutlich kennet er sie an der Stimme, sonst wüßt' ich nicht, wie es zuging.

Ich bekam diesen Tag noch nähere Überzeugung. Die Frau Tante wurde bald darauf gerufen, die Wäsche zu übernehmen, und ich blieb bei ihm allein. Er mochte merken, daß ich die Augen an seinen Hosen kleben ließ; denn er sah mich an und lachte. Ich stellte mich ganz unbedeutend und blickte wieder auf meine Stickerei. Er nahm mich darauf beim Kopfe und gab mir wohl zwanzig Küsse auf alle Provinzen meines Oberleibes, wobei er auch seinen gewöhnlichen Gruß nicht vergaß.

Da das Wehren bei ihm nichts hilft, so muß ich Dir sagen, daß ich mir ein für allemal vorgenommen habe, wie eine Katze stillzuhalten. »Du kleines Schneckchen«, hub er an, »wenn ich nur einmal mit dir ein paar Wörtchen im Vertrauen sollte reden können!« – »Mit mir, Herr Rittmeister? O

Sie können reden, was Sie wollen; ich bin so verschwiegen wie eine Mauer.« – »So? Ist das wahr?« – »Ja wirklich, ich bin ganz zu Ihren Befehlen.« – »O das wäre ja alles, was ich wünschte; aber, du kleiner Blasengel (hier nahm er meine Hand und zog sie hinüber auf seine Knie), wenn ich dir nun itzt befähle – doch nein – nicht befehlen; dich würd' ich allezeit bitten, um jede Gefälligkeit tausendmal bitten.« – »O Herr Rittmeister, hören Sie auf! Sie lassen sich allzuviel gegen mich armen Wurm herab. Was sollte ich, so ein Mädchen wie ich, einem Offizier für Gefälligkeiten erzeigen können?«

»Aber, gar nicht Ge- – – O du herrliches Geschöpf! (Itzt hob er mir die Hand in die Höhe, küßte sie und legte sie als von ohngefähr auf das Hosentürchen, daß ich die Schwüle darunter recht eigentlich fühlen konnte.) Ich liebe dich recht sehr. Könntest du mich denn auch wiederlieben?« – »Ich liebe Sie so schon. Eine gute Christin muß ja jeden Menschen lieben.« – »Jeden? Das wäre nichts. Du müßtest mich ein bißchen mehr lieben als andere.« – »Auch das, Herr Rittmeister. Es kömmt ja auf eine Handvoll Hutzeln nicht an.« – »So, das ist recht. Du bist ein Mädchen wie ein Husar; und die hab' ich recht gerne.« – »O gleich wollt' ich reiten lernen, besser als mancher von Ihren Rekruten.« – »Nun warte, du kleine Büchse, weil du so prahlest, so mußt du mir einmal probieren, ob du die Tempos zum Exerzieren nachmachen kannst, und für jeden Fehler sollst du mir einen Kuß geben.« Er nahm nun sein spanisches Rohr, exerzierte mir die Tempos vor und gab es mir dann selbst in die Hände. Als es zum Laden kam, trat er hinter mich, um (wie er sagte) zu sehen, ob ich rückwärts das Tempo mit der Patronentasche gut ausdrückte. Sobald er kommandierte: »Ergreift die Patrone! Eins!«, griff ich schnell hinter mir hinab und kam in seinen Hosenlatz, den er ganz still aufgemachet hatte und der vermutlich in Ermangelung etwas andern die Patrontasche vorstellen sollte, wo mir aber statt der Patrone sein – ich weiß nicht, wie ich es nennen soll – in die volle Hand kam.

Er war sehr hart und steif; wie mich dünkte, gar dreieckigt und blähete sich wie ein junger Hengst, der sich nicht will gurten lassen. Ich hielt ihn lange Zeit an einem Orte fest und getrauete mich nicht, weiterzugehen; dazu hielt mir auch der Herr Rittmeister mit der einen Hand den Arm, daß ich ihn nicht herausziehen konnte, mit der andern aber drückte er meine Finger an seine Patrone, daß ich sie um und um fassen mußte.

Als ich lange so gehalten hatte, fing er an: »So exerziere doch weiter!« Ich sagte, daß ich die

Hand nicht herausbringen könne. »Ja so«, erwidert' er, »es hängt an deinem Röckchen; warte, ich muß es dir auf die Seite schieben.« Auf einmal schlug er mir alle meine Röcke mit dem Hemde in die Höhe, setzte sich auf den danebenstehenden Sessel und zog mich so rückwärts zu sich auf den Schoß, wobei ich fühlte, daß mir das Ding an dem Hintern war.

In dem Augenblick öffnete sich die Türe, und der Herr Onkel ging durch das Zimmer in ein anderes. »So so, hübsch vertraulich!« fing er an. – »Herr Pastor, da hab' ich Ernestinchen ein bißchen exerzieren gelernet, und nun ist der Rekrut müde.« – »Jaja, das glaub' ich. Aber wenn nur die Herren Offiziere alle ihre Rekruten so hübsch auf den Schoß nehmen müßten, ich wette, sie würden sie weniger hudeln.« – »Herr Pastor, sie exerzieret recht brav.« – »Schon recht. Ein bißchen Bewegung kann dem Mädchen nicht schaden, es dient zum Wachstum. Sie vergeben, Herr Rittmeister, ich werde gleich wieder bei Ihnen sein. Muß nur meine Trommeltauben füttern.« Er ging und hatte nichts gesehen als Sitzen, weil er schon ein wenig blöde auf den Augen ist.

Kaum war er hinaus, so bohrte der Herr Rittmeister aus allen Kräften zwischen meine Schenkel hinein, daß es mir wehe tat. Er wollte über eine Viertelstunde lang nicht aufhören, aber ich zwickte die Hinterbacken aus aller Macht zusammen. Alles half nichts, bis ich drohte zu schreien und auch wirklich zu quäken anfing. Nun gab er Ruhe; aber er schwitzte Dir wie ein Schweinebraten und konnte lange nicht zu sich selbst kommen, denn er war fast gänzlich außer Atem.

Eben kam die Frau Tante wieder. Sie sah ihn an und fragte, was ihm fehle. Er klagte über Kopfschmerz. Sogleich zog sie das Balsambüchschen heraus, welches sie ihm unter die Nase hielt, und ob er gleich dagegen heftig protestierte, so mußt' er doch nolens volens daran riechen, und sie beschmiert' ihm Stirn und Nase dermaßen damit, daß er wie ein Marder stank. Er konnt' es vermutlich nicht länger aushalten; denn er nahm seinen Hut und Degen und ging, weil er, wie er sagte, noch einen Schwadronsbefehl zu schreiben hätte.

Sosehr ich auch böse auf ihn sein sollte, da er mir so mitgespielt hat, so kann ich doch nicht anders, als ihn wegen seines Diensteifers loben. Er ist ein geborner, wahrer Soldat. Du kannst es schon aus dem erkennen, daß er, als ich exerzierte, vor lauter Diensteifer außer sich selbst gekommen und sich so weit vergessen, daß er mich für einen Karabiner angesehen und mit Gewalt hat laden wollen.

Hingegen habe ich auch schon oft von glaubwürdigen Leuten sagen gehöret, daß seine Reiter wie die Bürstenbinder exerzieren sollen, und das heißt doch gut.

Wenn jedem Rekruten, den er unter seine Hand bekömmt, so ist wie mir, so behaupte ich, daß er einen Inspirationsgeist führet; denn seit der Zeit kömmt es mir beständig vor, als wenn meine Stricknadeln lauter solche Patronen und die Zwirnknäule Granaten wären. Ich wette aber auch, er wird mit der Zeit noch Generalfeldmarschall-Lieutenant, da er in seinem Metier so gut bewandert ist.

O Fiekchen, wenn unser König lauter solche Helden hätte, der Türke müßte gewiß bald das Testament machen; ja, was sage ich? — Den Teufel (Gott sei bei uns) könnte er damit aus der Hölle jagen! Kurz, er macht seiner Familie viel Ehre. Ich bin

Dein Ernestinchen

Siebenter Brief
Heinrich an Wilhelm

Bester Wilhelm!

Dein Brief hat mir so gut gefallen, daß ich mich beinahe krank gelachet hatte. Das Papaspiel! – O ich kann es gar nicht vergessen. Das muß ein allerliebstes Spiel sein. Ich habe Theichen schon um alles in der Welt gebeten, es mit mir zu spielen; aber das Mädchen macht allerlei Entschuldigungen. Bald sagte sie, es sei in unserm Städtchen nicht Mode, bald, es sei zu schwer für mich, bald, es müsse nur an einem gewissen Tag im Jahre gespielet werden, bald sagt sie gar, ich sei noch zu jung dazu. Und das verdrießt mich nicht wenig, denn ich bin doch schon zwölf Jahre alt, und wie ich aus Deinem Briefe ersehe, kann es wohl so schwer nicht sein. Endlich entschuldigte sie sich damit, sie wisse nicht einmal, was das für ein Spiel wäre.

Ich zog nunmehr Deinen Brief aus dem Sack und ließ ihn ihr lesen. Sie satzte sich damit nieder. Ich gab genau auf alle Mienen acht und bemerkte, daß sie im Lesen die linke Hand in ihren

Schlitz steckte, als ob sie etwas suchen wollte, und von Zeit zu Zeit hin und wider rutschte. Anfangs lächelte sie beständig, zuletzt aber seufzte sie bei jeder Zeile; ihr Busen arbeitete wie ein Blasebalg, auch sah ich, daß ihr aus den Winkeln des Mundes das klare Wasser lief. Vermutlich hat sie gleich dazumal der Herzenswurm beseicht. Mir ist es auch schon öfters so gegangen. Ich befragte sie darum, erhielt aber keine Antwort, bis sie fertig war. »Nun, Theichen, kannst du das Spiel?« – »Ich kann es nicht.« – »Zum wenigsten wirst du's nachmachen können. Du bist ja sonst ein geschicktes Mädchen und lernest gleich eine Speise kochen, wenn es dir die Mama nur einmal zeiget. Mache mir keine Entschuldigung mehr; du mußt mit mir spielen.« – »I nun, kannst du mich auf das Bett tragen?« – »Nein, Theichen, du bist mir zu schwer.« – »Also mußt du es lassen, bist du einmal stärker bist.«

Sie hält mich hingegen auf andern Seiten dafür schadlos, und es vergehet fast kein Tag, wo sie mich nicht wickelte. Weil ich es letzthin der Mama gesaget hatte, daß mich Theichen gewickelt hat, so hat sie mich gebeten, daß ich nichts mehr sagen soll; und ich folgte ihr pünktlich.

Ich und meine kleine Schwester Friederike spielten letzthin das Verstecken: Da mußte denn das eine immer aus dem Zimmer, wenn sich das andere verbarg. Endlich sagte Theichen zu mir: »Ich will dich itzt verbergen, daß dich Friederikchen gewiß nicht finden soll.« Friederikchen mußte hinaus, und Theichen setzte sich auf einen Stuhl und schob mich unter ihre Röcke. Kaum war ich unten, so fühlt' ich etwas Rauches, das mich an der Stirne kitzelte. Ich griff in die Höhe und fühlte, daß Theichen zwischen den Beinen, die sie ganz gutwillig auseinandertat, ebenso wie die alte Katherine Werg hatte; nur daß dieses ein Wickelchen von kurzem, feinem Haar, jener aber ein enormer Wickel mit langen Zotten war, die man eher für groben Hanf hätte halten sollen. Ei, ei! dacht' ich, hat Theichen auch gemaust? – Es ist schon ausgemacht, daß der Mama Flachskammer bei allen unsern Mägden Haare lassen muß.

So wie ich Theichen im Anfange für eine Diebin hielt, so sprach ich sie doch auf der Stelle von diesem Verdacht los, da ich mit den Fingern nähere Untersuchung anstellte und das Mädchen dabei so stille hielt wie ein Schoßhündchen; und schrieb dieses auf Rechnung ihres guten Gewissens. Ich fand, daß es in der Haut feststak und eingewachsen war. Ich faßte das ganze Perückchen in die volle Hand und drückt' es zusammen; und da kam ich mit dem Daumen in eine feuchte Öffnung, die mich ganz in Schrecken setzte, weil ich glaubte, daß ich es ihr zerdrücket hätte. Ich

steckte deswegen den Kopf aus dem Schlitz und sah das Mädchen an. Als ich aber bemerkte, daß es recht zärtlich lächelte, verlor ich alle Furcht, kroch wieder hinein und setzte meine Untersuchung fort.

Bald zog ich die beiden Teile von Theichens Perücke auseinander, bald legt' ich sie wieder zusammen. Ich weiß nicht, was mir das Spiel damit für besonderes Vergnügen verschaffte. Einen Finger nach dem andern legt' ich wechselweise hinein und begrub ihn gleichsam in diesem Tale der Süßigkeit. Endlich kam ich an einen Abfall, der ungemein viel tiefer war. So gelind als möglich bohrte ich, so weit ich konnte, hinein und fühlte dabei ein Entzücken, das mir durch die Seele drang. – Ach, dacht' ich, wenn mich doch nur Friederikchen recht lange nicht fände, damit ich in meinem Vergnügen nicht gestöret würde!

Es war, als ob Theichen meine Gedanken erraten hätte. Nachdem meine Schwester gegen eine Viertelstunde vergeblich gesuchet hatte, fing Theichen an: »Ach, Friederikchen, ich glaube gar nicht, daß Heinrich im Zimmer ist. Du wirst ihn schwerlich finden; gib dir lieber keine Mühe.«

Friederikchen ging, und Theichen, die sich nun allein sah, schlang beide Arme um meine Schultern und drückte mich eine Weile mit der heftigsten Zärtlichkeit an ihren Leib, wobei sie die

Schenkel ganz auseinanderfallen ließ. Endlich hub sie an: »Mein liebster, bester Heinrich, hör auf! – Es ist genug, ich kann es nicht mehr aushalten!« Mir selbst war so hart und ängstlich dabei, daß ich Dir es nicht beschreiben kann. Ich kroch nun also mit den zerrütteten Haaren wieder hervor. Theichen umfing mich aufs neue und gab mir wohl hundert Küsse. Sogar die Augen küßte sie mir, worauf sie den Kamm nahm und mir die Haare wieder in Ordnung brachte.

Kaum war sie damit fertig, so wurd' ich zum Frühstück gerufen. Ich saß, wie gewöhnlich, neben der Mama. Auf einmal zog sie die Nase hin und her. »Es riechet mir etwas so wunderlich«, sagte sie. – »Ich habe nichts verbrannt, liebe Mama«, gab ich darauf, indem ich ihr zu gleicher Zeit die Backen streichen wollte. Aber eben, als ich mich mit der Hand ihrem Gesichte näherte, ergriff sie mich dabei und hielt sie sich an die Nase: »Da haben wir's ja, du junger Schweinspelz! Gewiß hast du gestern wieder in Heringen gewühlet. Ich muß dich nur noch einen Heringskrämer werden lassen.«

Du weißt, daß ich öfters in den Kaufmannsladen gehe, der uns gegenüber ist, um mit den Sachen zu spielen; diesmal aber hatte Mama unrecht. Sie befahl mir, auf der Stelle die Hände zu waschen, welches ich denn auch tat.

Theichen hat seit der Zeit mit dem Krabbeln ein bißchen spröder gegen mich getan; indessen habe ich sie doch wieder dazu zu bewegen gewußt. In dem grünen Zimmer stehen einige große Töpfe mit eingemachten Früchten. Theichen ißt sie für ihr Leben gern. Sie tat mir den Vorschlag, daß, wenn ich ihr alle Tage ein halbes Kaffeeschälchen voll geben und, wenn endlich die Mama den Abgang merken sollte, das ganze Naschen übernehmen wollte, so wollte sie mich auch alle Tage dafür krabbeln lassen. Ich übernahm den Akkord, und es soll mir auf etwelche Maulschellen nicht ankommen; wofür ich mich aber auch sicher bezahlt machen will. Ich bin

Dein Heinrich

Achter Brief
Fiekchen an Ernestinchen

Liebstes Ernestinchen!

Es wundert mich, daß mir nicht, ehe ich noch diesen Brief vollende, vor Traurigkeit die Feder aus der Hand sinket. Ach, ich bin das unglückseligste aller Mädchen; denn wisse, ich soll Knall und Fall aus dem Hause und auf das Land zu meiner Mama Schwester in die Kost kommen, und das ist bei mir ebensoviel als ins Zuchthaus, denn sie soll ärger sein als des Teufels großer Kettenhund.

Meiner Eltern Haus zu verlassen, wäre noch das wenigste, aber meinen Wilhelm – mein Herz, das seither schon so machen Stoß ausgehalten hat, wird doch diesen Stoß aller Stöße unmöglich übertragen können. Ich muß Dir nur die ganze Geschichte erzählen:

Du wirst Dich erinnern, wie ich Dir geschrieben, daß ich all mein zugemüsenes Werkzeug unter dem großen Mehlkasten verborgen habe. Seit ich Wilhelmen zum Papaspiel abgerichtet, bedurfte ich meiner Rüben und Wurzeln nicht mehr und ließ sie gänzlich aus der Acht. Neulich fiel es mir ein, sie hervorzuholen und in den Abtritt zu werfen, und siehe da, sie waren verschwunden. Da ich aber ein kirres Lämmchen auferzogen habe, so glaubte ich, es würde der Räuber gewesen sein und solche gefressen haben; und schon gedacht' ich nicht daran, daß sie je wieder zum Vorschein kommen sollten.

Vor vier Tagen war mein Geburtstag. Die Mama hatte mir heimlich eine Torte machen lassen und in einer Kammer aufbewahret. An diesem Tage wurde sie, mit einer Serviett' bedeckt, auf den Tisch gesetzt. Ich bekam nicht eher Erlaubnis, sie abzudecken, als bis das Essen vorbei war. Kaum konnt' ich den Augenblick erwarten; aber stelle Dir meinen Schrecken vor, als mir anstatt der Torte meine geschnitzte Rübenarbeit ins Auge fiel. Ich schrie vor Entsetzen und purzelte ohnmächtig vom Stuhl; aber es war Dir keine Ohnmacht, sondern ich suchte nur Zeit zu einer Lüge zu gewinnen. Ich hörte Papa und Mama in der Stube herumrennen und schreien: »Ach Gott, erbarme sich's! Unsere liebe Tochter – unser einziges Kind!«

Sie rieben und bespritzten mich; endlich schlug ich die Augen wieder auf, aber die Mama war über diesen Streich voll Zorn. Sie zieh ihn einer unserer Mägde, und der Papa examinierte sie sehr scharf. Er sagte immer: »Wehe dem, der der Jugend Ärgernis gibt.« Indessen frug er mich, warum ich vor dem Gerichte so erschrocken wäre. »Ach, lieber Papa«, gab ich weinend zur Antwort, »ich glaubte, es waren Ratten, denn ich fürchte mich ganz entsetzlich davor.« – »Du hast dich doch sonst nicht davor gefürchtet«, erwidert' er. – »Es ist richtig«, fiel die Mama ein, »sie hat seit einiger Zeit einen natürlichen Abscheu davor.« – »Ei, ei!« versetzte der Papa. »Das Ding muß eine Bedeutung haben.« Die Mama schlug hierauf die Hände voneinander und schrie: »Daß dich doch! – Das Ding! Das Ding! Ich weiß nicht, was du mit dem Dinge willst. Was wird das Mädchen von Dingern wissen? Höre doch auf!« Ich verdoppelte mein Weinen. »Siehst du«, fuhr sie fort, »wie sie weinet. Du wirst wohl machen, daß das Mädchen noch einmal ohnmächtig wird oder gar ins Wasser springet. – Gehe, Fiekchen, gehe in deine Kammer und ruhe auf diesen Schrecken wieder aus; vergiß aber nicht, das Wasser abzuschlagen.« Ich ging, sie trug mir meine Mandeltorte nach und ließ mich damit allein.

Zur Torte, dacht' ich, muß auch was Nasses sein; und husch! war ich im Keller und kaperte eine Bouteille Rheinwein, die ich unter meinem Bette versteckte.

Kurz darauf ging Wilhelm vorbei. Ich rief ihn

zu mir hinein, und er bat und beschwor mich, daß ich doch ja nicht mehr zaubern möchte; und ob ich gleich nicht wußte, was der Narr damit wollte, so versprach ich es ihm gleichwohl, um auf wichtigere Sachen zu kommen.

Wir erneuerten das Papaspiel. Diesmal mußte Wilhelm die Mama vorstellen, und ich legte mich auf ihn. Es ging alles nach Herzenswunsch. Wir nahmen hierauf Torte und Wein zu Leibe und repetierten unser Spiel. Nach Endigung desselben stieg ich von ihm herab; er blieb auf dem Rücken liegen und entschlief fast in dem Augenblicke. Ich benutzte den, besah seine ganze Feldequipage und hatte meine innigste Freude darüber, wenn ich immer seinen Zebedäus wie einen Kegel aufrichten wollte und er so wie ein gehangener Dieb den Kopf zur Seite baumeln ließ.

Ich blieb so eine Weile sitzen, und endlich schlief ich auch neben ihm ein. Auf einmal wurd' ich durch eine bekannte Stimme ermuntert: »Da siehst du nun, wie sich das Mädchen schämet. – Ei, haben wir nicht Freude erlebet, liebes Mütterchen!« hörte ich vor mir und erblickte, als ich die Augen aufschlug, meine Eltern. Ich hielt wirklich noch Wilhelms Beutelchen in der einen Hand und in der andern seine Wurzel, so, wie man eine Wachtelpfeife zu halten pfleget. Er erwachte gleichfalls und lief mit herunterhangenden Hosen in seine Kammer, wo er sich, aus Furcht einer üblen Begegnung von meinem Papa, mit Stühlen verpalisadierte.

Itzt ging es weidlich über mich her. Es hieß, ich sollte gestehen, was der böse Bube mit mir gemachet hätte, oder nach Waldheim ins Zuchthaus wandern. Meine Bestien, Luder und ungeratne Kinder steckt' ich willig ein, denn ich dachte: Ich schüttle mich wie ein Pudel, der im Wasser war, und alles ist weg. Aber die Ehrentitel, die mein Wilhelm bekam, schmerzten mich.

Ich wußte wohl, daß mir nicht viel geschehen würde, und nahm deshalb alle Schuld auf mich allein. Geschwind extemporiert' ich eine Lüge und sagte, daß Wilhelm mit einem Faden Zwirn in meine Kammer gekommen und mich um eine Nähnadel gebeten, um sich ein Schreibebuch zusammenzuheften. Hier blieb ich stecken »Und«, fiel der Papa ein, »weiter, weiter!« Ich wußte nichts mehr zu sagen; aber just erblickt' er die Weinflasche: »Da ist ja das Und«, fuhr er fort, »wo hast du das hergenommen?« – »O das weiß ich selber nicht«, antwortete ich, »glaube aber, Sie hätten sie mir in die Kammer stellen lassen. Wilhelm half mir, ihn austrinken, und wir schliefen beide ein. Übrigens ist Wilhelm ganz unschuldig, denn ich habe ihm selbst die Hosen aufgeknöpft, aber bloß, um zu sehen, ob er keine

Verse darin hätte; denn er trägt oft Carmina bei sich.«

»Allerliebst!« verfolgte der Papa. »So suchet man die Verse bei den Männern in den Hosen? – Woher du alle die Wahrheiten weißt! Aber wie ist denn der Griffel in deine Hände gekommen?« – »Das ist mir unbegreiflich; es muß mir ihn jemand im Schlafe in die Hand gegeben haben, mir einen Possen zu spielen. Ich glaube gewiß.« – »Du glaubest? Das heiß ich wohl recht: Einem den Glauben in die Hand geben. – Unvergleichlich! Was wird aus diesem Kindlein werden? Drei Haupttugenden besitzest du schon: Stehlen, Lügen und doch die dritte mag ich gar nicht nennen; aber wir werden uns sprechen, und du mußt mir aus dem Hause, ehe du unserer Familie eine größere Schande machest!«

Man legte ein Schloß vor meine Kammer, und ich wußte nicht, was mit mir werden würde. Gegen Abend hörte ich an der Türe ganz leise meinen Namen. Es war Wilhelm. Der Papa hatte ihn durch das Versprechen, daß ihm nichts geschehen sollte, weil er unschuldig sei, bewogen, aus seinem Verhaue hervorzugehen. Er gab mir Nachricht von meiner Versendung auf das Land, versprach mir aber zugleich, es nimmermehr zuzulassen und eher mit mir in alle Welt zu gehen.

Ich bin es vollkommen zufrieden; aber wo wir

ein Loch finden werden, weiß ich nicht. Doch der Himmel wird uns in unserem Vorhaben beistehen; das ist auch meine einzige Hoffnung. Indessen mußt Du mir nicht antworten, Ernestinchen, bis ich Dir wieder geschrieben habe.

Dein Fiekchen

Neunter Brief
Wilhelm an Heinrich

Liebster Heinrich!

Wenn Du die Wirtschaft ansähest, die itzt bei uns ist, so weiß ich gewiß, daß Du vor Lachen krank würdest. Ich schrieb Dir letzthin, daß Fiekchens Papa den Hanswurst und seine Frau bekehren wolle; und nun scheinet es, sie haben ihn selbst bekehrt. Er spricht nicht mehr Böses von ihnen, sondern lauter Gutes. Der Hanswurst bläset, wenn sein Herr ausstehet, ein gewisses Stückchen auf dem Waldhorn; das hat er sich nun auf Noten setzen lassen und spielet es Tag und Nacht auf der Violine, daß einem das Gehör vergehen möchte. Sogar die Kirchenmusik hat auf seinen Befehl am vorigen Sonntag diejenige nachahmen müssen, die gewöhnlich da, wenn er sich auf dem Seile schwenket, aufgemachet wird. Auch wird (was vorher nie geschehen) itzt unter der Kommunion ein gedämpftes Waldhorn geblasen.

Der Frau Hanswurstin Stimme ist lebhaft genug. Sie sang letzthin in der Kirche auf dem Chor, und damals blieb der Herr Oberpastor in der Predigt stecken. Man sagt, er habe die Hanswurstin angesehen, die beständig an ihrem Halstuche gespielet, und darüber sei er irre geworden. Sie hat Brüste wie ein Paar Laibe Landbrot; aber das verstehe ich nicht, wie einen diese konfus machen sollten. Die Frau Oberpastorin spricht immer, sie möchte keine solche Schweizerkuh sein; sie hat aber leicht reden, denn sie hat nichts. Indessen zanket sie beständig, daß das Deputatkorn auf dem Boden immer weniger wird. Letzthin wollte sie gar gesehen haben, daß der Hanswurstin das Hemde unter dem Rocke vorgegangen und mit ihrem Wäschzeichen gemerket gewesen wäre. Daraus will sie behaupten, es sei einer von ihren feinen Kornsäcken gewesen. Auch bringt er ihr itzt immer zu wenig Beichtgroschen nach Hause; und ob er gleich saget, daß dermalen, zur Ernte, wenige Leute beichten, so ist sie doch nicht damit zufrieden und nennet es kahle Ausrede.

Ich und Fiekchen vertragen uns schon besser, und ich müßte wie ein Schelm lügen, wenn ich noch über Zauberei an meinem Daumen klagen wollte. Er wird mir zwar oft noch steif, aber es ist auch gleich Hilfe da, und Fiekchen ist wirklich eine rechte Balsambüchse für meine Wunden.

Noch etwas muß ich Dir berichten. Fiekchens Löchelchen, das sonst so gar niedliche Löchelchen, hat sich seither gedehnet wie ein abgetragener Handschuh und heißt schon mit Recht ein Loch. Manchesmal bin ich schon mitten darinnen, und doch ist es mir, als ob ich noch in freier Luft wäre.

So sind nun alle Sachen auf der Welt der Veränderung unterworfen. – Lebe wohl. Ich bin

Dein Wilhelm

Zehnter Brief
Fiekchen an Ernestinchen

Liebes Ernestinchen!

Kummervoll, aber doch vergnügt schreibe ich Dir heute, da ich mich nun in L** befinde. Ehe ich Dir aber diese fürtreffliche Stadt beschreibe, will ich Dir lieber die Art meiner Rettung berichten und meine Reise beschreiben:

Der Papa kam des andern Tages zu mir und kündigte mir an, daß ich den folgenden Morgen wandern müßte. Ich antwortete: »Ich werde eine gehorsame Tochter sein.« – »Nun, so ist's recht«, erwiderte er und ging und schloß mich wieder ein. – Ja, hintenum dacht ich: Herr Papa, wir werden schon ein Loch finden.

Wilhelm hatte mit mir abgeredet, mich in der kommenden Nacht zu erlösen und mit mir zum Teufel zu gehen. Da zwischen meiner und seiner Kammer nur eine bretterne Wand war, an welcher unsere Betten standen, so war es ihm leicht, den Tag über mit einem scharfen Schnitzer ein Stück auszuschneiden, daß ich bequem durchkriechen konnte, ohne daß man gleich das Loch wahrnahm. Mit größten Schmerzen erwartete ich die Nacht. Sie kam, und Wilhelm legte sich in sein Bett, bis der Wächter elf rufte; da klopfte er mir. Ich zog mich hurtig an, packte alle meine Wäsche und Kleider in einen Bündel, schob den durch das Loch in seine Kammer und kroch hinterher. Wilhelm zeigte mir eine Strickleiter, die er ans Fenster geknüpfet hatte. Ich ging noch in meiner Mama Putzstube, machte den Schrank auf, holte mein Patengeld nebst einer Schweinsblase voll Beichtgroschen und einem Schächtelchen ab, worin einige gute Ringe und silberne Schuhschnallen waren; und dann ging's hopp, hopp! über das Fenster hinab auf die Gasse.

Wir mußten vor der Post vorbei, wo eben eingespannt wurde. Wilhelm frug den Postknecht, ob wir nicht blind mitfahren könnten. Er sagte ja, wir sollten nur vorausgehen und draußen hinter dem Galgenberge auf ihn warten. Wir hatten ihn bald erreicht, blieben aber eine gute Strecke davon stehen und getraueten uns nicht näher, weil wir beim Mondenschein einen Dieb daran baumeln sahen. Wir klammerten uns voll Furcht aneinander an, und ich fühlte, da ich von ohngefähr Wilhelms Pfeife berührte, daß sie so schlapp war wie eingetauchtes Löschpapier. Ich frug ihn um die Ursache, und er antwortete, wie er sich seiner Sterblichkeit erinnere und — der Beichtgroschen.

Ich verstand es, er meinte eine Staupbesen-Kollation; ich tat ihm aber dar, daß der Papa nimmermehr zulassen würde, daß man geistliches Fleisch und Blut stäubte. Indem kam der Postwagen; wir riefen, und er hielt still.

»Nun, steigt herauf!« sagte der Schwager. Der Wagen war ganz voll Passagiere, welche fluchten, als sie sahen, daß er uns noch mitnehmen wollte. Wir näherten uns, und da sie mich sahen, wurden sie sogleich höflicher, und einer nahm mich auf den Schoß; Wilhelm aber mußte hinten im Korbe vorliebnehmen.

Der, so mich auf dem Schoß hatte, schlug seinen Mantel um mich und hielt mich fest, daß ich nicht auf den Vordersitz geworfen wurde. Er frug mich, wie ich hieße, und da ich ihm eine Nase gedrehet, sagte er mir, daß ich ein schönes Mädchen wäre; das mir sehr lächerlich tat, daß der dumme Zipfel von meiner Schönheit sprach, da doch der Mond untergegangen und er mich im Finsteren nicht ansehen konnte.

Nach einer kleinen Weile griff er mir unter das Halstuch, stach sich aber in eine darinnen stekkende Nadel. Er verbiß seinen Schmerz und sagte nicht ein Wort. Dies erweckte mir Mitleiden, und weil ich ihm für meinen Sitz Erkenntlichkeit schuldig war, erleichtert' ich seine Mühe und nahm die Stecknadel heraus. Er hatte nun freie Fahrt und machte sich mit meinem Busen viel zu schaffen. Bald strich, bald drückt' er ihn, bald bedeckt' er den linken, bald den rechten Hügel, bald beide Brüste zugleich, und bald fuhr er in der Rinne zwischen beiden mit der Spitze der flachen Hand ganz gemächlich auf und nieder.

Während der Zeit war er auch mit der andern Hand nicht müßig. Er rückte mich, daß er die Schürze etwas vorbrachte, und suchte den Schlitz. Weil aber der etwas enge war und er größere Hände hatte als Wilhelm, so riß er selben auf eine sehr geschickte Art an beiden Röckchen neben der Naht hinab, mehr in die Länge, bis er bequemen Eingang fand. Ich bemerkte überhaupt, daß der gute Herr schon oft dabeigewesen sein müsse. Er zupfte an meinem Hemde, und weil ich es mit den Knien an den Vordersitz klemmte, so macht' ich die Füße gerade und erleichtert' ihm auch diese Arbeit; worauf er es in drei Zügen in die Höhe zog und seine gierigen, zitternden Finger über meinen Venushügel, das beste Grundstück, was ich besitze, hinabglitschen ließ. Er hielt sich nicht lange bei der Wolle auf, sondern suchte, mir ans Fleisch zu kommen, und es setzte keine Schwierigkeit und war für mich eine unbeschreibliche Kitzelwonne.

Ich befand mich auf meinem Sitze so wohl wie eine Fürstin, bis ich endlich meinen armen Wilhelm hinten im Korbe laut seufzen hörte. Ich vermutete, daß sein Seufzen vom schlechten Platze herrührte; dies machte mich so wehmütig, daß mir die Augen übergingen und ich laut zu schluchzen anfing.

»Warum weinen Sie, Engel?« fing mein Gefährte an. »Vor mir dürfen Sie sich nicht schämen, denn Sie sind ja mein. Ich liebe Sie wie meine Seele, und wenn Sie wollen, so heirate ich Sie und mache Sie zur glücklichen Frau.« Ich antwortete nicht, hielt aber dafür, wie gewöhnlich, ganz stille, als er mir etliche Küsse auf den Mund drückte, auch das Pfand ewiger Treue hervorzog und in meine Hand gab.

Mittlerweile brach der Morgen an, und wir hielten in der Station bei einem Wirtshause still und stiegen ab; Wilhelm kroch mit aus seinem Korbe hervor.

Er war von dem nächtlichen Nebel ganz erstarret und schlich sogleich hinter den geheizten Ofen, wo er sich auf eine Bank setzte. Er rufte mich zu sich hin und murrete gewaltig, weil er wollte gesehen haben, daß mich mein Schoßhalter geküsset hätte; aber ich log es ihm vor der Nase weg, nannte ihn einen dummen Schöps und wußt' ihm das Maul so gut zu stopfen, daß er schwieg und endlich von der Wärme gar einschlummerte.

Mich zwang nunmehr die Not, einen Ort zu suchen, wo ich mein jungfräuliches Wasser ablassen könnte, und ich ging in einen leeren Stall. Ich kauerte mich da nieder, aber kaum war ich fertig, so kam mein Reisenachbar von ohnegefähr eben dahin. Er machte mir einige pronue Karessen und ließ mir die Röcke gar nicht mehr hinuntertun, sondern zog seinen Bengel heraus und wollte ihn mir ohne Umstände in den Leib schieben. Ich machte auch weiter keine Dicentes und ließ mich gutwillig an die Wand lehnen. Da er aber ein großer starker Mann und ich klein war, ging es nicht, und er stach mir immer zwischen den Beinen durch.

Nachdem er sich und mich eine Weile vergeblich gemartert hatte, zog er mich hastig an einen daneben vom Boden auf die Krippe gelegten Streubaum, ermahnte mich zum Bücken und mit den Händen darauf zu stützen und drehete sich um mich herum und fing seine Arbeit von hinten an.

Kaum hatte er angesetzt, so fühlt' ich, daß er einen ganz entsetzlichen Kerl haben müsse, denn es war nicht anders, als ob mir ein jähriges Kalb mit der Schnauze in den Leib fahren wollte. Er konnte auch lange nicht damit fort. Nach ohngefähr sechzehn langsamen und bescheidenen Zügen gelang es ihm endlich, daß er mein Inwendiges erreichte; und nun holte er weit aus und pfropfte mich dermaßen, daß es mir durch Mark und Beine ging und ich alle Kräfte anwenden mußte, um nicht das Übergewicht zu bekommen. Welch Entzücken ich da empfand, kannst Du leicht denken. Aber ach! Es wurde mir ziemlich versalzen.

Als wir in der besten Arbeit waren, bekam ich einen so jähen, heftigen Stoß, daß ich über den Streubaum wegflog und mich im Pferdemist überkollerte. O welche Szene, als ich mich umsah! Ein großer Ziegenbock hatte sich mit den Hörnern in meines Geliebten Hosen, die ihm bis auf die Knie herunterhingen, ganz verwickelt und zappelte mit ihm im Stalle herum, ohne daß sich weder einer noch der andere helfen konnte. Der bestialische Bock hatte sich in den Stall geschlichen, und weil er vermutlich unsere devote Kruppe für etwas Feindliches gehalten, meinen Reiter dermaßen auf das Hinterkastell gehutzet, daß ich davon über den Baum stürzte. Itzt wanderten sie beide miteinander zur Türe hinaus, und es wäre gewiß für einen Vierten eine äußerst komische Szene gewesen, den Passagier mit nackichtem Podex und den Bock mit gesenkten Hörnern in seinen Hosen zu sehen.

Ich wußte nicht, sollte ich weinen oder lachen; aber das Lustigste kam erst. Kaum waren sie vor

der Türe, so stolperte mein Freund und fiel samt seinem Führer nach aller Länge in die Mistpfütze, in welcher eine Menge Kühfladen und Menschensatzungen herumschwammen. Der Bock arbeitete aus allen Kräften, um aus der Pfütze zu kommen, und brachte seinen Gegner immer noch tiefer hinein, bis ihm auf mein hierüber erregtes Geschrei einige Leute zu Hilfe kamen und vom Bock erlöseten.

Das erste, was er tat, war, daß er hurtig, noch in der Pfütze, die Hosen hinaufzog und zuknöpfte; aber er hatte zugleich auch eine Partie solcher schwimmenden Materialien mit hineingeschlagen, daß sie ihm unter den Kniegürteln hervorquatschelten und er sich weder zu raten noch zu helfen wußte. Alles, was in der Gaststube war, lief heraus, den armen Schelm zu betrachten, der wie ein Aas stank, vor Schrecken außer sich war und nicht wußte, ob er stehenbleiben oder entlaufen sollte. Einige hatten Mitleiden mit ihm, andere lachten. Sie fragten ihn, wie das zugegangen, erhielten aber keine Antwort. Ich stand von fernen wie Petrus am Kohlfeuer und dachte: Ich könnt' es euch am besten erklären – aber ich mußte mich selbst nach Wasser umsehen, mir die Hände und das Gesicht zu reinigen.

Mittlerweile hatten sie ihn in eine Scheune geführet, und ich kam just vorbei, wie ihn ein

Knecht auszog und die Magd ein großes Schaff Wasser brachte, womit sie ihn wieder reinigten.

Er öffnete nun seinen Koffer und kleidete sich um, worauf wir alle das Frühstück nahmen und über diesen Zufall verschiedene Bemerkungen gemachet wurden, wobei es mir aber gar nicht zum Lachen war und ich ganz stille schwieg. Wilhelm, der den ganzen Auftritt verschlummert hatte, wurde itzt hinter dem Ofen hervorgerufen und genötiget, mitzutrinken; und dann bestiegen wir den Postwagen wieder und fuhren weiter. Mein gesalbter Schoßhalter aber mietete sich eine Bauernfuhre und nahm eine ganz andere Straße, wodurch ein Sitz erlediget wurde, der mir nunmehr glücklich zuteil ward.

Vergib, teures Ernestinchen, wenn ich hier abbreche, da meine Reise ohnehin nichts Merkwürdiges mehr enthält. Ich bin ohnausgesetzt

Dein Fiekchen

Elfter Brief
Ernestinchen an Fiekchen

Liebstes Fiekchen!

Ich habe Deinen Brief erhalten und eine Menge Tränen darüber vergossen. Wenn Du wüßtest, wieviel Anteil ich an Deinem Fatum nehme, so würdest Du mich gewiß noch einmal so sehr lieben, als Du itzt schon tust. Armes Mädchen! Du mußt viel ausstehen, aber der Himmel wird Dich nie verlassen, da Du eine so aufrichtige Seele bist. – Ich stehe dermalen wirklich auf dem Punkt, in Deine Fußtapfen zu treten; und damit Du siehest, daß ich Dir an Aufrichtigkeit nichts nachgebe, will ich Dir alles schreiben, was sich bisher bei uns zugetragen hat:

Seit dem Abend, da die Frau Tante den Herrn Rittmeister mit ihrer Balsambüchse so einsalbete, kam er ganzer vier Wochen lang nicht in unser Haus. Das war Dir ein Leben. – Sie stellte sich in alle Winkel und flennte und gab keinem Menschen ein gutes Wort. Überhaupt war die ganze Zeit über nichts mit ihr zu machen. Endlich stellte er sich wieder ein, und ihre Freude darüber war unbeschreiblich. Er schien aber ganz anders gesinnet als vorher. Er blieb nicht mehr so lange bei ihr allein, ausgenommen, ich war dabei; hingegen war er aus meinem Zimmer oft tagelang nicht zu bringen. Von dieser Zeit an machte er mir, wenn wir allein waren, alle nur erdenklichen Karessen.

An meinem Geburtstage ersuchte er die Frau Tante, daß er mich anbinden dürfe, und schickte mir dann zu einem ganzen Kleide Taft nebst einem Paar silbernen Schuhschnallen. Wer könnte wohl so einem Manne feind sein?

Vor vierzehn Tagen bat er mich, daß ich ihn doch eine Nacht bei mir schlafen lassen möchte; und ich erlaubt' es ihm. Ich ging abends wie gewöhnlich zu Bette, legte mich aber nicht nieder, sondern blieb angezogen in Gedanken und schmerzhafter Erwartung an dem Fenster sitzen und sah bisweilen hinunter. Eben als die Glocke elf ausgebrummet hatte, sah ich einen in einem Bauerkittel und einen Reiter kommen, der eine Leiter trug, die er ohne Umstände an mein Fenster setzte, worauf der Bauer in die Höhe stieg.

Ich war ganz voll Schrecken, einen fremden Menschen zu sehen, aber er verschwand, als ich in ihm den Herrn Rittmeister erblickte, der, um nicht erkannt zu werden, sich so verkleidet hatte. Er gab mir seinen gewöhnlichen Kuß und hieß mich guten Mutes sein; in dem Augenblick aber fiel mir ein Zweifel bei, den ich ihm mit der größten Ängstlichkeit eröffnete. Ich frug ihn nämlich, ob ein Mädchen, wenn ein Mann bei ihm geschlafen, noch ein Jungfer sei. Mein Vorsatz war, ihn, wenn er mich dessen nicht gewiß versichern könnte, nicht bei mir zu leiden; aber er versicherte mich, daß ich im Gegenteil eine doppelte Jungfer würde, und bekräftigte mir solches mit so viel Exempeln und Schwüren, daß ich endlich über diesen Punkt ganz beruhiget wurde.

»Wo hast du denn dein Bettchen?« fragte er, und als ich es ihm gezeiget, leitete er mich dahin und setzte sich mit mir darauf. Er ermahnte mich sogleich, meine Röcke auszuziehen. Vergebens wandte ich ein, daß es Schande sei, im Hemde bei ihm zu bleiben. Er stellte mir vor, daß es ja Nacht wäre und die Röcke zu viel Platz einnehmen würden; kurz, er legte selbst Hand an. Da er aber des Aufbindens nicht recht kundig war, so verknüpfte er sie mir. Doch er wußte sich zu helfen wie Alexander mit dem Gordischen Knoten und streifte sie mir über die Füße, worauf er sich neben mir hinlegte und mir an die Feige griff, endlich aber die Hosen eröffnete und wieder mit seiner Patrone angerücket kam.

Er kniete zwischen meine Schenkel, richtete seine Maschine an das Schwarze und fing mich damit gewaltsam zu drücken an. Es tat mir wehe, und ich bat ihn himmelhoch aufzuhören; er gab es aber dem schuld, daß ich zu niedrig läge, nahm daher meine Röcke, rollte sie zusammen und stopfte sie mir unter den Hintern, worauf er sich wieder in die vorige Positur setzte: Allein es ging darum eben nicht besser.

Ich weinte und flehete, aber der Herr Rittmeister wurde so grausam, daß er mir keine Antwort mehr gab und wie ein unbarmherziger Barbar nur immer drauflosstieß. Bei jedem Stoße hätte ich vor Schmerz schreien mögen und fühlte, daß er mir immer tiefer in den Leib kam. Endlich tat er so einen Stoß – einen Stoß, wie ein Römischer Widder oder Mauerbrecher an einer Festung tun könnte, und da platzte es ordentlich in meinem Magen. Zum Glücke hatte ich den Bettzippel im Munde, sonst würde ich laut haben schreien müssen; aber ich hatte ihn im Übermaße meines Schmerzes, wie ich frühmorgens sah, durch und durch gebissen.

Von dieser Zeit weiß ich nicht mehr, was mit mir vorgegangen ist; ich kam ganz außer mir und wurde ohnmächtig. Endlich erwachte ich wieder und fühlte mich in des Herrn Rittmeisters Armen. Der Mond schien hell. Ich blickte erschrocken um mich her. Mein Ritter lag auf dem Rücken und schlief, und die verzweifelte Patrone, die mir so zugesetzet hatte, hing itzt mit geneigtem Haupte über seinen Schenkel her. Mit inniger Furcht und Ergötzen zugleich betrachtete ich sie, bückte mich und küßte dies Glied, das mich so sehr gemartert, in der Absicht, es auch, gleich seinem Herrn, zu meinem wahren Freunde zu machen.

In diesem Augenblick erwachte der Herr Rittmeister. Er nahm mich gleich beim Halse und zog mich auf sich nieder, wobei er mir viel hundert Küsse gab. Zu gleicher Zeit bemerkte ich, daß sich seine Patrone wieder füllte und mich an dem Bauch wie ein Hebebaum in die Höhe hob. Aus Furcht, es möchte mir noch einmal etwas geschehen, fing ich an zu weinen, das der Herr Rittmeister meiner Reue zuschrieb und mich aufs beste tröstete; aber ich hatte nichts mehr zu fürchten, denn es kam der Reiter und legte die Leiter wieder ans Fenster. Er drückte mir nun etwas in einem Papierchen in die Hand (zum Andenken, wie er sagte), gab mir noch einen brünstigen Kuß, stieg hinunter und entfernte sich.

Ich schlief jetzt sehr vergnügt ein, erwachte aber zeitlich und stand auf. Doch hilf Himmel! Welches Spektakel sah ich nicht, als ich mein Bett anblickte! – Ein Fleck in der Größe einer Suppenschüssel war so starr, als wenn er gestärket worden wäre, und sah so bunt aus wie die Landkarte der sieben vereinigten Provinzen. Mir war angst und bang. Ich besorgte, daß mir etwas im Leibe zersprenget worden, weil es mich spannte, noch mehr aber, daß meine Frau Tante das Bett sehen und daraus wahrsagen möchte. Lange studierte ich hin und her, was in der Sache anzufangen sei, und endlich verfiel ich Dir auf ein Mittel, das unserem ganzen Geschlechte Ehre machen muß. Ich setzte mich auf den Nachttopf und hofierte ein bißchen hinein, nahm dann meine Stricknadel und rührte es so lange, bis es sich aufgelöset hatte, und goß es ins Bette, daß es den Fleck ganz bedeckte, worauf ich mich wieder niederlegte.

Da ich zur Kaffeestunde nicht hinunterkam, stieg die Frau Tante zu mir herauf. Sobald ich sie an meiner Türe hörte, fing ich jämmerlich zu krächzen an, und da sie an mein Bette kam, klagte ich ihr mit matter Stimme, wie ich sehr heftiges Bauchgrimmen hätte und die Dysenterie im höchsten Grade. Sie fand die Bescherung im Bette, besah sie durch die Brille und schrie lauf auf: »Ach, daß Gott erbarm'! Armes Ernestinchen, du hast die Ruhr.« – Sie ließ mir gleich Kissen warm machen und auf den Bauch legen, brachte auch Hauswurz und etwas in einem Fläschchen, daß ich einnehmen mußte.

Nach einer Stunde tat ich ihr zu wissen, daß

ich mich besser befände, und gegen Mittag stand ich zu ihrem großen Triumphe, daß ihre Medizin so gut gewirket hatte, wieder auf und bekam ein apartes Gerichte von frikassierten jungen Hühnern, die mir recht wohl zustatten kamen. Meine Spannung ließ den andern Tag auch nach, und gestern fühlte ich nicht das geringste mehr. Der Herr Rittmeister war gestern nachmittags auch bei uns; allein ich bekam ihn nicht zu sehen, weil ich in meiner Stube für die Frau Tante arbeiten mußte. Morgen aber wird er bei uns speisen, und da kann ich es einbringen, was ich gestern versäumte, und will meine Augen recht an ihm weiden. Lebe wohl, bestes Fiekchen, und glaube, daß ich ewig bin

Dein Ernestinchen

Zwölfter Brief
Heinrich an Wilhelm

Bester Wilhelm!

Ich bin vor einigen Wochen wegen meinem Theichen übel weggekommen. Du wirst Dich erinnern, daß ich ihr erlaubte, auf mein Konto täglich ein bißchen eingemachte Früchte zu naschen.

Sie ließ also keinen Tag vorbei und war so fleißig, daß sie bald auf den kahlen Boden kam. Kurz darauf hatten wir Gäste. Die Mama ließ Schweinswildbret zurechtemachen und gedachte, eingemachte Sachen dazu aufzutragen; aber wie sie darnach ging, fand sie alles rein ausgefressen. Sie examinierte nun eine Magd nach der andern; da aber jede leugnete, mußte ich endlich auch vor.

Stolz darauf, meinem geliebten Theichen eine Aufopferung zu leisten, gab ich mich ganz freimütig selbst an. Sie hatte just den Löffel, der in einem dieser leeren Töpfe liegengeblieben war, in der Hand, und kaum war ich mit dem Bekenntnis fertig, so zerschlug sie mir das Maul damit so gewaltig, daß es mir im Augenblicke wie eine Bratwurst aufschwoll. »Da hast du einen Denkzettel«, sagte sie, »ein andersmal friß einen Quark!«

Ich konnte mich nun mit meinem zerschlagenen Maul nicht an den Tisch setzen und mußte in Theichens Gesellschaft speisen. Sie lobte mich wegen meiner Verschwiegenheit, so sehr sie nur konnte, und beleckte mir mein Bratwurstmaul mit größter Zärtlichkeit. »Von nun an«, sagte sie, »soll dir der Zutritt zu meinem Inwendigen, zu meinem Herzen, bei Tag und Nacht offenstehen.«

Kurz darauf mußte der Papa zu einer Inventur auf einem adeligen Schlosse, und die Mama machte sich diese Gelegenheit zunutze und ging mit Herrn Fuchsewitz, den man in der ganzen Stadt unseren Hausfreund nennet, welches er aber nicht leiden will, auf den Vogelfang, nachdem sie Theichen Geld dagelassen hatte, etwas aus dem Wirtshause für uns Kinder zu holen.

Theichen versprach mir, als sie hörte, was vorgehen sollte, alle Reiche der Welt nebst ihrer Herrlichkeit zu zeigen, sobald sie nur fort sein würden, und hielt auch ehrlich Wort.

Wir gaben beide am Fenster acht, ob Mama richtig ging, und dann führte mich Theichen zu einem nahen Bette. »So komm«, sagte sie, »und nimm denn auch das Inventarium über deines Mädchen Sachen.« Nachdem sie die Kopfkissen alle an das Bettbrett gerichtet und ein paar Sessel darneben gestellet, setzte sie sich auf das Bette. Mit einer Hand hielt sie mich und mit der andern hob sie die Röcke auf und entblößte den Bauch; worauf sie mir die Hosen eröffnete, meinen Piephahn herauszog und das Hemde hinauf unter die Weste stopfte, damit es, wie sie sagte, nicht irren möchte. Itzt legte sie die beiden Füße auf die Stühle, richtete sich meinen Degen zurecht und fiel rückwärte langsam nieder.

Eine lange Weile tat ich das meine, so gut ich konnte. Da ich aber das Werk nicht genug verstand, erinnerte sie mich unter den Worten: »Schiebe, schiebe!« zu besserem Fleiße und legte mir beide Fersen ihrer Füße auf den Hintern, womit sie mich mit aller Gewalt an sich schlug. Es dauerte so eine Zeitlang; endlich wurde mir plötzlich so wunderlich, als wenn ich im Sprunge von einen hohen Turme in der Luft flöge. Ich streckte mich zugleich auf dem Mädchen aus allen Kräften. Da aber der Fußboden glatt war, rutschte ich aus und fiel mit dem Knie auf die Kante eines unter dem Bette stehenden gefüllten Nachttopfes, den ich umgoß, daß die ganze Stube besudelt wurde. Theichen stand auf und brachte das Bette wieder in Ordnung; als sie aber die Nässe sah, wurde sie besorgt. Doch sie wußte bald Rat. Sie fragte mich, ob ich nicht heute ihr zuliebe mit einem Stücke Brot vorliebnehmen wollte; und da

sie mich geneigt fand, dung sie für das Geld, was meine Portion gekostet hätte, ein altes Weib und ließ sogleich den Fußboden waschen. Endlich kam die Mama wieder, und da sie das gewaschene Zimmer sah und hörte, daß es Theichen gesäubert hätte, gab sie ihr zur Belohnung ein seidenes Halstuch; auch erlaubte sie mir, in die Komödie zu gehen.

Es wurde gleich damals »Der Deserteur aus Kindesliebe« aufgeführet. Der Sohn hielt, um seinen Vater zu retten, Spitzruten aus. Da er nun mit aufgehauenem Buckel dasaß, verschnappte er sich und sagte: »Gottlob, ich habe es überstanden, und mein Vater ist gerettet.« – Ich sah, wie ihm dieses Ehre machte, so, daß er sogar Offizier wurde. Wie wär' es, dacht' ich, wenn du das auf Theichen und deine Maulschellen mit dem Löffel anwendetest?

Gedacht, beschlossen. Wie ich nach Hause kam, setzte ich mich hin, ließ den Kopf sinken und wiederholte beständig die Worte: »Gottlob! Ich habe es überstanden, und Theichen ist gerettet.« – Jedermann lachte darüber als eine Kinderei, und niemand wollte mich fragen, das mir recht in der Seele wehe tat.

Schon hatte ich mir vorgenommen, es nur noch ein einziges Mal zu sagen, als mich Mama frug, was ich damit wolle. Ich gestand ihr meine

Großmut, daß ich um Theichens Näscherei willen Maulschellen ausgehalten hätte, aber ich wurde zu meinem Erstaunen nicht belohnt wie der Deserteur, sondern bekam noch zwei recht derbe Ohrfeigen für meine Lügen; Theichen wurde herbeigerufen und ihr, nachdem sie es eingestanden, der Dienst aufgesaget. Es hieß, sie solle zum Teufel gehen. Kaum hörte ich dies letzte Wort, so wurde ich ohnmächtig und kam nicht eher wieder zu mir selbst, als bis mir die Mama wohl zehnmal in die Ohren geschrien hatte, daß sie Theichen behalten wolle.

Das Mädchen war deswegen einige Tage auf mich böse und nannte mich ein altes Weib. Sie wollte mir gar keinen Akzeß mehr gestatten; aber vorgestern gab ich ihr ein neues Viergroschenstück, und nun gehet alles wieder seinen alten Gang, denn das Mädchen hat das blanke Geld für sein ganzes Leben gern. Lebe wohl. Ich bin

Dein Heinrich

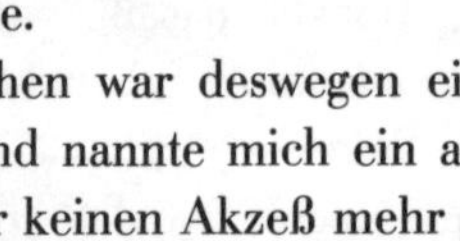

Dreizehnter Brief
Wilhelm an Heinrich

Liebster Heinrich!

Wir sind nun schon seit sechs Wochen in L**, aber es gehet uns so miserabel, daß ich morgen trocknes Brot essen muß, wenn ich das Postgeld für diesen Brief wieder einbringen will; und dennoch tue ich es Deinetwegen mit Vergnügen.

Als wir hier ankamen, begaben wir uns in den Gasthof »Zum Roten Greif«. Man räumte uns auf mein Verlangen ein eigenes Zimmer ein, denn ich gab Fiekchen für meine Frau aus; aber der Gastwirt mochte gleich merken, wes Geistes Kinder wir wären, denn er lächelte recht heimtückisch, sagte aber weiter nichts.

Sobald wir abends gegessen hatten, legten wir uns nieder und schliefen gleich ein, denn wir waren von der Reise müde. Des andern Morgens um neun Uhr zogen wir uns an und gingen spazieren. Ich führte Fiekchen am Arme und bildete mir nicht wenig darauf ein, mein eigenes Mädchen zu haben. Als wir nach Hause kamen, war schon der Tisch gedeckt, und wir aßen wie Fürsten. Den

Nachmittag gingen wir wieder aus; aber das Abendgebet war kaum geläutet, so lagen wir auch schon im Bette.

Erst in dieser Nacht fühlte ich die Größe meines Glückes. Was das für eine Herrlichkeit ist, so ein hübsches Mädchen ganz nackend im Arme zu haben und dessen ganze Wärme zu fühlen! – Ich sattelte ihr gleich auf, sie schlang sich um mich wie eine Rebe, und wir zerarbeiteten uns so, daß frühmorgens eine Menge Stroh am Boden lag, das wir herausgerammelt hatten; wir richteten aber alles wieder zurechte.

Vierzehn Tage hatten wir so gehauset, als der Wirt kam, der vermutlich nicht viel Geld bei uns suchte, und uns die Rechnung brachte. Sie betrug dreißig Taler. Ich erschrak heftig darüber, ließ mir aber nichts merken. Wie er fort war, holte ich mit Zittern meinen Beutel (denn unsere Kasse war gemeinschaftlich), und da ich es aufgezählet, trug ich es hinunter in die Schenkstube. Wir hatten nur noch zwei Taler übrig, und ich weinte, als ich wieder zu Fiekchen kam, sie aber schien sich um nichts zu bekümmern; dennoch stimmte sie mir bei, daß wir unser Quartier alsobald verändern müßten.

Wir zogen also in den »Tiger«, aber da trafen wir es erst gut! – In vier Tagen war nicht allein unsere Barschaft fort, sondern wir mußten noch alles, was wir hatten, an Juden verkaufen und blieben doch noch neun Groschen schuldig.

Da ich das letzte Hemd vermöbelt hatte und eben unter der Türe mit Fiekchen schmerzliche Betrachtungen anstellte, kam ein Mann von kleiner Statur zu uns und tat verschiedene Fragen. Er hatte schon von unseren Umständen gehöret und sagte zu Fiekchen, er hielte im Hause Tanzboden: Wenn sie tanzen könnte, wolle er ihr täglich drei Groschen geben. Fiekchen tanzt wie ein Engel (sie hat's von einem Schuhknecht gelernet). Sie nahm sein Erbieten an, und da er sie im Tanze so stark fand, legte er ihr sechs Pfennige zu, und das sind unsere ganzen Revenuen. Fiekchen braucht alltäglich zwei Groschen zu Rosinen und Mandeln; Du wirst Dir also leicht vorstellen, was wir für Sprünge machen können.

Der Tanzboden ist über dem Pferdestall. Es kommen in der Woche Studenten, die sich üben, und sonntags Handwerksburschen. Die Person zahlet achtzehn Pfennige Entree; hingegen ist der Boden auch nur mit zween blechernen Leuchtern besetzet, und die Musik bestehet aus einer einzigen Violine.

Nun haben wir also unser Glück gemachet. – Bedenke nur, was ich da fühlen muß, wenn ich mein allerbestes Mädchen von Schlössergesellen so herumreißen lassen und noch zusehen muß.

Überdies schwitzet der Engel nach dem Tanze immer wie eine Sau und hat nur noch ein einziges Hemde auf dem Arsche. O Heinrich, was will aus uns werden? – Ich kann vor Wehmut nicht mehr schreiben, als daß ich bin

Dein Wilhelm

Vierzehnter Brief
Ernestinchen an Fiekchen

Liebstes Fiekchen!

Was wirst Du wohl dazu sagen, wenn ich Dir berichte, daß ich aus meines Onkels Hause entflohen bin und mich nun ganz in die Arme des Herrn Rittmeisters geworfen habe? – Ich muß Dir den Vorfall erzählen:

Vor drei Wochen brachte er uns die traurige Nachricht, daß sein Regiment marschieren müsse. Wie mir dabei ums Herz war, kannst Du Dir leicht vorstellen. Ich ließ mir es nicht so merken; hingegen die Frau Tante weinte wie ein kleines Kind, dem man die Arschbacken vollgeklitschet hat, und jedermann dachte, sie würde rasend werden. Der Herr Rittmeister war nun alle Tage bei uns, aber er konnte fast nie mit mir zur Rede kommen; denn die Frau Tante ging ihm, um ihn noch recht zu genießen, wenig von der Seite. Endlich fiel er auf sein bekanntes Mittel und machte mir eine nächtliche Visite durchs Fenster. Nachdem wir der Göttin der Liebe unseren Weihrauch abgebrannt hatten, schwuren wir uns, einander nicht zu verlassen, und verabredeten alles dasjenige, war wir wirklich ausführeten und Du gleich lesen wirst.

Ich machte mich in der folgenden Nacht mit Sack und Pack aus dem Hause und begab mich in sein Quartier. Als man mich des andern Tages nicht fand, entstand ein erschröckliches Lärmen, und der Onkel schickte alle seine Pfarrdrescher nach mir aus. Indessen war in einer Stadt, eine Meile von uns, einem Menagerie-Inhaber ein großer Pavian krepiert; den ließ der Herr Rittmeister holen, durch den Eskadronsfeldscher sauber barbieren und waschen, zog ihm dann eines von meinen schlechtesten Kleidern an und ließ ihn mit zerschlagenem und unkenntlich gemachtem Gesichte des Nachts vor einem nahen Walde an die Straße legen. Frühmorgens kam schon Nachricht, man habe einen toten Körper gefunden, und er wurde einhellig für des Pfarrers Ernestinchen erkannt. Jedermann glaubte, ich sei aus Verzweiflung davongelaufen und von Räubern erschlagen worden. Und es war um desto wahrscheinlicher, weil ich etliche Tage zuvor ein gewaltiges Démêlé mit der Frau Tante gehabt hatte. Ich wurde nun mit den gewöhnlichen Leichenzeremonien zur Erde bestattet, und der Herr Onkel hielt mir eine schöne Leichenpredigt, las auch meinen Lebenslauf von der Kanzel ab.

Es tat mir sehr lächerlich, mich selbst begraben zu sehen, denn der Leichenzug ging gerade unter meinem Fenster vorbei, und ich guckte hinter den Gardinen hervor, dachte aber, begrabet mich nur immerhin etc. Alle Nachfrage hörte nun auf, weil man mich in der kühlen Erde glaubte; ich durfte mich aber vor keinem Menschen sehenlassen. Den Tag vor dem Abmarsch kroch ich in Gesellschaft einer Reitersfrau in des Herrn Rittmeisters Rüstwagen, und so ging's voraus, bis auf die erste Station. Des andern Tages kam die Schwadron nach, und der Herr Rittmeister erzählte mir noch, daß ihm die Frau Tante weit nachgelaufen wäre und mit des Teufels Gewalt mitgewollt hätte. Da sie nun durch keine Vorstellungen zum Umkehren zu bewegen gewesen, hätte er sich bemüßiget gesehen, sie meiner Sicherheit wegen durch den Stöckelknecht bis in die Pfarre zurückpeitschen zu lassen.

Auf dem ganzen Marsche, der acht Tage dauerte, war ich des Herrn Rittmeisters Matratze. Vorgestern rückten wir im neuen Quartier ein. Er deklarierte mich sogleich für seine Haushälterin, und Du kannst gar nicht glauben, was die Leute für Respekt gegen mich bezeigen. Alles zieht den Hut ab, wenn ich komme, und sogar die Schildwache präsentierte mir schon einmal das Gewehr, als ich vorbeiging.

Das Soldatenleben ist doch ein lustiges Leben, und für ein Mädchen kann ja nichts Schöneres sein als ein Offizier. Es ist ein doppelter Grund, warum wir die Soldaten so lieben. Erstens sind sie lauter wohlgewachsene, angenehme, visitierte Leute; dann denken wir, ei! die armen Narren müssen sich um des Staats willen zerhauen, zerstechen oder wohl gar totschießen lassen – drum müssen wir ihnen auch aus Mitleiden jede Gefälligkeit erlauben, damit sie sich vor ihrem Ende noch was zugute tun können. Lebe wohl. Ich bin

Dein Ernestinchen

Fünfzehnter Brief
Fiekchen an Ernestinchen

Liebes Ernestinchen!

Seit wir in L** sind, ist es mir ziemlich knapp gegangen; aber nun geht es wieder besser. Ich möchte Dir nicht gerne alle unsere Fatalitäten beschreiben. Aus Not habe ich auf einem elenden Sechsdreiertanzboden als Vortänzerin müssen Dienste nehmen, und der war gleichwohl noch mein Glücke.

Es kam vor einiger Zeit ein alter Herr darauf, zuzusehen. Er faßte mich ins Auge, und ich gefiel ihm. Um ein Achtgroschenstück gab ihm der Tanzmeister von meinen Umständen Nachricht, und er sprach mich selbst und verhieß mir seine Unterstützung, wobei er mich auf den andern Tag zu sich bestellte. Da ich hinkam, trug er mir für seine Kurzweile einen Konventionstaler an; das war für mich Marzipan. Allein seine Manipulierung war ganz besonders. Er legte mich über einen Sessel und klitschte mir den nackichten Hintern mit der Hand ab, daß er braun und blau wurde. Hierauf gab er mir den Taler und bestellte mich auf den andern Tag wieder. Er hatte eine schöne goldene Berlocke an seinem Uhrbande hängen. Diese biß ich ihm während der Klitscherei ab und behielt sie im Munde, bis ich nach Hause kam, und verkaufte sie für eine Dückedonne; hütete mich aber gar sehr, wieder hinzugehen.

An ebendem Tage führte man einen armen Sünder zum Galgen; da ich noch sehr wenige Exekutionen gesehen, ging ich mit hinaus. Ich mengte mich unter die Leute, die um den Galgen standen, und hatte einen Herrn von mittelmäßigen Jahren neben mir. Der Delinquent war noch zurück, und da noch nichts zu sehen war, redete er mich an und frug, wo ich wohnte; ich gab ihm auch gleich richtige Adresse. Das Gedränge wurde immer stärker. Der Haufe bog sich hin und her wie ein reifes Kornfeld, und da jeder seinen Platz zu behaupten suchte, gab es ziemliche Fußtritte. Unter dem Vorwande, mich festzuhalten, schlang er seine Arme um mich, erkühnte sich aber unbekannterweise, unter meine Schürze zu schlüpfen und den Schlitz zu suchen.

Ich wollte keinen Lärm machen und ließ es willig geschehen. Er bohrte mit den Fingern zwischen meinen Beinen hinein und wollte mir gerne aufs Punktum kommen. Du weißt, ich bin eine gute Seele. Ich vergönnt' ihm diesen Spaß nicht

nur herzlich gern, sondern bedauerte ihn sogar, daß er mich nicht auf der Stelle buchstabieren konnte.

Währenddeme war der arme Sünder schon auf den Galgen gestiegen; aber stelle Dir mein Entsetzen vor, als ich den Henker für den nämlichen Passagier erkannte, der auf der Poststation vom Ziegenbock in die Mistpfütze geworfen worden war. Ich tat vor Schrecken einen lauten Schrei, und die Menschen um mich herum öffneten sich, um zu sehen, was mir wäre. Mein Nachbar wollte geschwind die Hand aus dem Schlitze ziehen. Weil er aber mit dem halben Ärmel darinnen stak, so blieb er mit dem Aufschlagknopf am Hemde hängen und riß es mir heraus. Das war denn ein greuliches Spektakel. Alles hub laut zu lachen an, und ich wußte in der Angst nicht, was ich tun sollte.

Endlich begab ich mich aufs Laufen, machte es aber dadurch nur noch schlimmer. »Eine Hure! Eine Gassenhure!« schrien sie, und die Buben liefen hinter mir her und warfen mir mit Kot und Steinen nach. Ein Stein traf mich auf den linken Hinterbacken, und eine Handvoll Kot patschte mir so derb ins Genick, daß mir Hören und Sehen verging und ich beinahe niedergestürzet wäre. Ich nahm alle meine Kräfte zusammen, verlor aber bei der Gelegenheit einen Schuh, der jedoch ohnedem keinen Absatz mehr hatte. Da nun die Buben sahen, daß ich gute Füße in Kompagnie führte und sie vermutlich meinetwegen nicht gerne das Hängen versäumen wollten, ließen sie von mir ab und kehrten wieder um. Das war auch mein Glück, denn wäre es schon vorbeigewesen, so würde ich schwerlich ganzbeinicht davongekommen sein.

Als ich zu Hause ankam, ging ich gleich in meine Kammer und dachte so meinem Schicksale nach. »Daß Gott tausendmal erbarme!« sagt' ich zu mir selbst. »So bist du schon unter Schinders Händen gewesen und ein Spott der Buben geworben. Weit, weit, armes Fiekchen, ist es mit dir gekommen.« Bei diesen Worten fing ich bitterlich an zu weinen und konnte mich gar nicht zufriedengeben. Indem kam Wilhelm und befrug mich um die Ursache meiner Traurigkeit. »Soll ich nicht traurig sein«, erwidert' ich, »da ich mich hier in einer fremden Stadt sehe und kaum des Hungers erwehren kann?« Er tröstete mich und zog ein Stücke Brot aus der Tasche, das ihm der Hausknecht verehret hatte. Mein Appetit war itzt zu schlecht, als daß ich da reingebissen hätte. Ich hieß es ihn auf den Tisch legen und blieb mit unterstütztem Haupte sitzen, ohne ein Wort zu reden. Endlich ersucht' ich ihn, mir einen Trunk Wasser zu holen, und er ging.

Kaum mochte er den Hof erreichet haben, so pochte man an meine Türe, und es trat ein junger Herr herein, der, wie ich nachher erfuhr, Magister war. Er grüßte mich sehr höflich und entschuldigte sich wegen seiner Freiheit. Er sagte, er hätte mir so übel mitspielen gesehen und mich bedauert; und da ihm mein Gesicht gefallen hätte, wäre er mir nachgegangen, mich mit seinem Troste aufzurichten.

Ich bat ihn um alles in der Welt, wenn Wilhelm käme, ja nichts von dem Vorgange zu erwähnen, und wir verglichen uns kürzlich dahin, daß ich ihn für einen Herrn Vetter, der einige Stunden von meinem Vaterorte her wäre, ausgeben durfte.

Wilhelm machte bei seinem Eintritte große Augen, als er einen fremden Herrn bei mir sah, erheiterte sich aber gleich, als ich ihn Herr Vetter nannte und von der Frau Muhme Stipenius an zu reden fing; noch mehr aber, als der schlaue Herr Vetter ihm einen halben Gulden gab, für welchen er ihn eine Bouteille Pontac, Semmeln und etwas holländischen Käse zu bringen ersuchte.

Gleich nahm er seinen Hut und ließ uns allein. Der Herr Magister machte sich die Zeit zunutze und stellte mich vor sich, wo er saß. Ohne um Erlaubnis zu fragen, hob er mir den Rock auf, drehte mich über den Strohsack und geigte mich recht dogmatisch und ehrbar. Wie er fertig war, stieg er herunter, packte zusammen und gab mir (kannst Du wohl glauben?) einen halben Louisdor in Golde, mit der Versicherung, mich recht oft zu besuchen. Er sagte, er fickte mich gerne noch einmal; weil er aber heute bei einem Kaufmanne speisete, möchte er sich zu sehr derangieren. »Nach Dero Belieben«, gab ich darauf und neigte mich dazu.

Itzt brachte Wilhelm die Viktualien. Wir hatten kein Glas, und ich schenkte in die Kaffeeschale ein und präsentierte sie ihm; aber er schlug es aus, ging auch gleich darauf fort und ließ es uns allein. Wir zehrten es mit größtem Appetit auf und hätten darüber bald unser ganzes Unglück vergessen.

Ich bin nun kuriös, ob ich bald wieder Gelegenheit haben werde, Dir etwas von diesem guten Herrn zu berichten, oder ob er gar etwa ein Windbeutel ist und sich nicht mehr sehen läßt; welches ich aber kaum glauben kann, denn er hat ein gar zu ehrliches Gesichte.

Lebe wohl, bestes Ernestinchen. Ich wünsche Dir viel Glück und bin mit der größten Zärtlichkeit

Dein Fiekchen

Sechzehnter Brief
Heinrich an Wilhelm

Bester Wilhelm!

Ob Du mir gleich noch eine Antwort schuldig bist, schreibe ich Dir doch wieder. Ich machte mit dem Papa vor kurzem eine wichtige Reise nach M**. Es ist eine angenehme, schöne Stadt. Kaum waren wir abgestiegen, so suchte der Papa seine alten Bekannten auf. Unter diesen war eine Baronesse, bei deren Vater er einmal in Diensten gestanden hatte. Wir wurden verschiedene Male von ihr eingeladen und recht nobel bewirtet. Er wollte sich nun auch einmal sehen lassen und mietete einen Wagen, worin sie auf seine Bitte mit ihm nach einem Landgasthof fuhr, wo er sie so gut traktierte, als nur möglich war.

Ich war auch mit ihnen. Unterweges betrachtete ich die Baronesse recht mit Andacht und fand sie liebenswürdig. Sie war brünett, höchstens fünfundzwanzig Jahre alt und voll Feuer. Sie hatte einen vollen, schönen Busen, und da durch die offenen Wagenfenster der Wind zog, flatterte das Halstuch auf eine sehr ergötzende Art.

Dies bewegte mich und erweckte in mir die sehnlichsten Begierden. Ich stellte mir im Geist ihre wollüstige Kruppe so natürlich vor, daß mir nicht allein die Nille stand, sondern ich wirklich, schon außer mir selbst, mit dem Hintern wakkelte, welches man aber vor der Bewegung des Wagens nicht bemerken konnte. Mein Papa gab auch nicht acht, weil er mit ihr im Gespräche von vaterländischen Dingen verwickelt war. Wir langten an und schmauseten, wie gesagt, bis gegen Abend. Der Papa hatte ziemlich viel Wein zu sich genommen und die Baronesse sich nicht genieret. Diese Umstände benutzt' ich.

Wir fuhren endlich zurück. Der Papa ließ mich diesmal oben sitzen und setzte sich rückwärts. Es fing an zu dämmern, und ich jauchzte schon heimlich, wie ich meine Handgriffe machen wollte; aber ich wäre bei einem Haare übel angerumpelt. Nachgerade fiel im Wagen eine allgemeine Stille. Auf einmal griff ich der Dame so leise in den Schlitz, daß sie es nicht eher fühlen konnte, als bis ich schon am Bauch war. In diesem Augenblick begegnet' ich einer anderen Hand, die die meine ergriff und sanft drückte. An einem wegen eines Federmesserschnittes verbundenen Finger merkt' ich gleich, daß sie dem Papa gehörte, und zog, sobald er mich losließ, mit großer Eilfertigkeit wieder heraus. Die Baronesse merkte das Mißverständnis so wenig als der Papa; aber ich war so erschrocken, daß mir Arme und Beine zitterten. Ich bekümmerte mich also nicht, was weiter im Finstern geschah, und war nur froh, daß ich so davongekommen war.

Unsere Rückreise ging ganz glücklich vonstatten. Gegen Mittag kamen wir nach Hause. Die Mama empfing uns unter der Türe. Theichen war auch da, tat aber ganz kalt gegen mich, wovon ich Dir vielleicht nächstens die Ursache schreiben kann. Ich bin übrigens

Dein Heinrich

Siebzehnter Brief
Fiekchen an Ernestinchen

Liebes Ernestinchen!

Ich kann Dir nun schreiben, daß der Herr Magister ein recht braver, ehrlicher Mensch ist. Er besuchet mich alle Tage, und weil er nicht will, daß ich mehr mit Knoten tanzen soll, so hat er's mit dem Tanzmeister ausgemacht, daß er mich gegen tägliche vier Groschen Kostgeld im Hause behält. Freilich ist der Tanzmeister ein Schlingel und speiset mich immer mit Kartoffeln ab; aber ich darf doch nichts sagen, weil er, wie er spricht, auch den Tagedieb, (meinen Wilhelm meint er) mit umsonst füttern muß. Das bringt aber der Flegel nicht mit in Rechnung, daß ihm der arme Junge beständig Holz hacken und Wasser tragen muß. Gehe es, wie Gott will, wenn ich nur etwas aus der Tasche zu fressen habe.

Damit Du auch den Herrn Magister näher kennest, so mußt Du wissen, daß er ein Theologe ist und in einem Kaufmannshause informieret, wo er nicht nur freien Tisch hat, sondern auch von der Frau ein schönes Schürzenstipendium genießet.

Er ist übrigens ein sehr geschickter Mensch. Neulich disputierte er, und ich sah ihn, geputzt wie eine Docke, unter meinem Fenster vorbeitraben. Gleich nach der Disputation kam er zu mir und legte mich aufs Bette (denn er hat mir ein Federpolster gekauft), nahm mich auch rechtschaffen mit. Da er fertig war, zupfte ich ihm die Federn vom schwarzen Kleide und wünscht' ihm, als er ging, eine gesegnete Mahlzeit.

Ich kann Dich mit aller Wahrheit, ja selbst bei meiner Ehre versichern, daß ich ihm recht gut bin, weil er so ein hübscher Mensch ist, und besonders, weil er vom geistlichen Stande ist wie ich. Es bleibt doch immer wahr, was der Teufel zum Kohlbrenner sagte, nämlich, daß sich gleich und gleich gern gesellet. Ich bin ewig

Dein Fiekchen

Achtzehnter Brief
Heinrich an Wilhelm

Bester Wilhelm!

Da muß ich Dir einen artigen Spaß berichten. Spaß sage ich – ja weiter nichts. Das nichts Ernstliches daraus wurde, danke ich meiner Mama Politesse und dem Umstande, daß ich auch hübsche Stückchen von ihr weiß.

Vor vierzehn Tagen sagte mir Theichen ganz im Vertrauen, daß sie schwanger wäre. Ich erschrak. »Mache nun Anstalt, Heinrich«, sagte sie, »daß ich versorget werde.« Ich gab ihr die besten Worte, sie sollte keine Närrin sein und mich aus der Affaire lassen. »Ja«, erwiderte sie, »du warest so oft bei der Affaire, so kannst du itzt auch dabeibleiben.« Ich fragte sie, ob es denn nicht anginge, daß sie einen andern zum Vater angäbe. Darüber wurde sie böse und sagte: »So geht's, wenn man sich von solchen Rotzbuben Kinder machen läßt.« Über diese Rede gleichfalls aufgebracht, gab ich ihr eine Maulschelle und warf sie zur Türe hinaus, nahm dann meinen Hut und ging über Feld.

Der Papa war zum Glücke nicht zu Hause, aber die Mama kam gelaufen und traf Theichen auf der Erde liegend an. Die Bestie stellte sich, als ob sie tot wäre. »Gott, was ist das?« sagte die Mama. »Theichen! Theichen!« Endlich, nach vielem Rütteln, eröffnete sie die Augen, tat aber, als ob sie nicht aufstehen könnte, doch eröffnete sie ihr, daß ich sie geschlagen hätte. Sie ließ sie gleich ins Bette bringen und examinierte sie so lange, bis sie ihr gestand, daß sie den Ranzen voll hätte. Die Mama gab ihr nicht den mindesten Verweis, sondern brachte ihr im Gegenteil zur Entschädigung für ihre Jungferschaft und Schläge eine Obligation von hundert Talern; dagegen sie aber einen Revers ausstellen mußte, nichts mehr von mir zu sprechen und sich sogleich aus dem Hause zu begeben, das sie dann auch tat.

Noch muß ich Dir berichten, daß ich nächstens auf das Gymnasium nach Z** kommen werde. Ich werde Dir mit Nächstem meine Adresse schicken und bin

Dein Heinrich

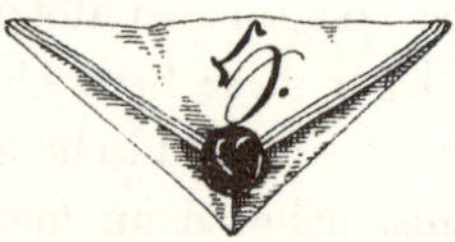

Neunzehnter Brief
Fiekchen an Ernestinchen

Bestes Ernestinchen!

Nun kann ich Dir doch einmal wieder mit freudigem Herzen schreiben, denn ich bin wieder in guten Umständen; aber, aber – bis ich so weit gekommen, habe ich mir manchen rauhen Wind unter die Nase müssen gehen lassen.

Der Herr Magister besuchte mich noch oft, und ich ersparte mir so viel an ihm, daß ich mir etliche alte Hemden und eine übertragene Kantusche anschaffen konnte. Ich war dadurch imstande, mich wieder mit Ehren auf der Gasse zu zeigen. Wo ich vor einem Hause vorbeiging, sagten Männer und Weiber: »Das ist ein hübsches Mädchen.« Du kannst nicht glauben, wie mich das kützelte; ich dachte aber, ja, wenn ich was davon hätte! – Wilhelm ging anfangs mit mir, da setzten sie denn immer dazu: »Nur schade, daß sie sich mit dem schäbigen Jungen schleppt.« Da wir nun einmal nach Hause kamen, bat ich mir's expresse von ihm aus, daß er mich nicht mehr begleiten sollte.

Tages darauf ging ich wieder aus, Zucker und Kaffee zu holen. Der Kaufmannsjunge machte mir verschiedene Karessen und frug mich, wo ich wohnte. Da ich es ihm gesagt hatte, gab er mir noch einmal so viel Zucker, als ich verlangte, und drückte mir, als er mir das Geld herausgab, das ebensoviel in Münzen betrug, als ich ihm im Ganzen gegeben hatte, mit vieler Zärtlichkeit die Hand, wobei er mir seinen umgeschlagenen Mittelfinger fest dareindrückte und mich zu besuchen versprach. Ich glaube, dieses Fingereinschlagen muß so ein gewisses Zeichen sein, wie etwa, der Sage nach, die Freimauerer haben. Vielleicht sah er mich für eine freie Mauer an, und da hatte er nicht unrecht; denn ich lasse mir zu allen Zeiten Kalk anwerfen, soviel einer will.

Den andern Morgen, am Sonntage, trat er zur Türe herein. Wilhelm sah ihn gewaltig überzwerch an; als ich aber vorgab, daß mein und sein Papa auf einer Schule gewesen wären, ließ er sein Mißtrauen fallen. Er brachte mir ein Pfund Schokolade nebst einer großen, großen Tüte voll Rosinen und Mandeln. Damit traf er recht meinen Geschmack. Um Wilhelm loszuwerden, winkte ich ersterem, lud ihn auf eine Schokolade ein, und Wilhelm mußte nach Milch, mit welcher er so geschwind nicht wiederkommen konnte. Der Kaufmannsjunge frug mich itzt, ob ich ihm nicht einen Liebesdienst erweisen wollte, und da ich äußerte, wie ich mich glücklich schätze, unter dem Schirm seiner Flügel zu liegen und zugleich bei dem letzten Worte über meine Schuhe stolperte und auf den Rücken ins Bett fiel, ließ er mich nicht mehr auf und fing mich gleich zu kalkulieren an.

Er wußte sehr gut damit umzugehen; ausgenommen, daß er mir mit seinen rauhen Händen, die er mir unter die Hinterbacken legte, fast die Haut ausgekratzet hätte. Er tat abgesetzte, ernsthafte Stöße, rüttelte auch zuweilen wie mit seiner Mörserkelle vor dem Gewölbe. Das einzige versah er, daß ihm während der Arbeit ein Ziemlicher (mit salva venia) entfuhr, das ich ihm aber auch nicht übelnehmen kann; denn die Kaufmannsjungen müssen die ganze Woche über genug an sich halten, damit sie den Safran nicht verstänkern. Da ist es dann kein Wunder, wenn sie sonntags etwas verlieren.

Wir waren kaum fertig und hatten uns wieder in Ordnung gerichtet, so erschien Wilhelm. Der Kaufmannsjunge wollte jetzt nicht mehr auf die Schokolade warten und ging sogleich davon.

Von ohngefähr sah ich auf dem Bette eine Tüte liegen, die ich geschwind aufmachte und mit lauter Pfennigen und Dreiern und etwelchen wenigen ganzen Groschen gefüllet fand. Werden vermutlich die Pfefferpfennige gewesen sein, die er aus der Büchse erlöset und die während dem Manöver ihm aus dem Sacke fielen. Ich machte so meine Betrachtungen darüber, in wievielerlei Händen wohl alle diese Münzen vor einer Woche gewesen sein möchten, und band sie in meinem Hemdezipfel mit einem Bändchen in ein Knaul zusammen und trug sie so unter dem Rocke.

Von dieser Stunde an hatte ich wieder lauter Unglück. Ich ging abends in die Komödie und sah da einen uralten Herrn mit einem Stern an der Brust auf dem Parterre herumschleichen, der gar nicht acht auf das Stück gab, sondern mit dem Fernglas immer in die Höhe herumsah und unter andern mich eine ganze Stunde lang beguckte. Mitunter nickte er mit seinem grauen, ehrwürdigen Haupte, als wenn ich seine Approbation hätte. Dies dauerte, bis das Stück aus war, und ich sah ihn dann nicht mehr.

Der andere Tag war der unglückseligste für mich, der mir jedoch in der Folge sehr nützlich wurde. Ich ging in das Kaufmannsgewölbe um eine Muskatennuß. Auf dem Rückwege folgte mir der Markthelfer auf dem Fuße nach. Ich wußte nicht, was das bedeute; aber kurz darnach kam der Hausknecht und sagte mir, daß sich jener bei ihm nach mir erkundigt, und wie er wieder gegangen, auf dem Rückwege lauter kleine Münzen aufgeklaubet hätte. Sobald er weg war, sah ich nach meinem Hemde und fand, daß der Knollen ein Loch bekommen und ich das meiste Geld verloren hatte.

Ich konnte mir nun das Rätsel leicht erklären und befurchte üble Folgen. Es traf auch richtig ein. Nachmittag kamen einige Polizeidiener, visitierten alles aus und nahmen weg, was sie fanden. Ich mußte mit ihnen aufs Rathaus wandern. Sobald ich vor den Polizeikommissär gebracht wurde, frug er mich, ob mir nicht ein Kaufmannsjunge Geld und Waren zugesteckt hätte. Ich leugnete geradeweg. Itzt kam er auf den Artikel, daß ich auf dem Heimwege Geld verloren, welches ich vermutlich aus dem Gewölbe mitgenommen hätte. Hier hob ich meinen Rock auf und zeigte ihm den Bund im Hemdezipfel, bewies ihm auch, daß ich den nicht erst im Gewölbe hätte machen können.

Ich weiß nicht, ob meine Verteidigung oder die Zeigung meines Hemdes seine Strenge gemildert hatte. Er erklärte mich den Augenblick für unschuldig, wollte aber doch, sicherheitswegen, das Polizeisiegel auf meine Unschuld drücken. Ich mußte mit in sein Expeditionszimmer gehen; er schloß die Türe ab und – ließ mich gehen. »Noch eins«, sagt er, »wir wollen's miteinander nicht verderben. Wenn du einmal einen guten

Fang weißt, so gib mir Nachricht. Du sollst die Hälfte davon haben und nie bestrafet werden.«

Abends war ich schon wieder zu Hause; doch ob mir gleich der Kommissär versprochen hatte, daß ich alles Weggenommene wiedererhalten sollte, so brachte man mir doch nicht alles. Da muß ich denn schon das Kreuz darüber machen. Der Kaufmannsjunge bleibt itzt mit seinen Weihrauch und Myrrhen auch sauber aus; im Gegenteil, wenn er mir auf der Gasse begegnet, so tut er, als ob er mich gar nicht kennte. Indessen habe ich schon wieder von andern Seiten her einige Leibrenten bezogen, die mir unser Hausknecht gegen etliche Freibilletts zugewiesen hat. Lebe wohl. Ich bin

Dein Fiekchen

Zwanzigster Brief
Heinrich an Wilhelm

Bester Wilhelm!

Ich bin schon ganz in Z** eingewohnt. Als ich hier ankam, führte mich der Papa zum Herrn Rektor und drückte ihm einen Laubtaler in die Hand, wobei er ihn bat, mich zu examinieren und nach Verdienst in eine Klasse zu setzen. Er brachte mir Ovids »Kunst zu lieben«, und ich mußte eine Seite exponieren. Gleich tat er dem Papa kund, daß ich in die Prima kommen würde. Diese Nachricht trug ihm noch einen Taler ein.

Den andern Tag schied der Papa unter dem Tor des Gasthofes, wovon der Wirt sein alter guter Saufbruder war, mit Tränen und lautem Zetergeschrei des Jammers von mir. Sobald er die Gasse hinaus war, kehrt' ich lachend um und blieb noch eine Weile im Gasthofe sitzen. Der Wirt ritt gleich hernach auf ein Dorf und ließ seine Frau allein. Sie ist höchstens dreißig Jahre alt, von Gesicht hübsch, nicht groß und so dick, daß man zwei andere Weiber daraus machen könnte. Wenn sie so in der Gaststube herumging, so schwapperte und wackelte sie mit dem Arsche, und das gefiel mir. Bald durchkreuzten mich allerlei wollüstige Ideen, und ich bekam Lust, sie zu beschnaufen.

Gleich darauf ging sie in den Keller und ich hinterher. Ich entschuldigte meine Neugierde; und da ich merkte, daß es ihr nicht unangenehm war, umarmte ich sie, soweit es ihre Dicke zuließ, griff ihr unter den Rock und suchte das mütterliche Erbteil. Sie sperrte die Schenkel weit voneinander und ließ mich finden. Sie führte ein Nest, trotz einer Pudelmütze, und war in dem besten Zustande.

Sie griff mir auch an die Hosen; da ich aber damit herauswollte, sagte sie: »Lassen Sie es itzt gut sein. Ich werde gleich in die obere Stube gehen, und da schleichen Sie mir nur nach. Können wir's uns doch bequem machen!« – Ich verließ den Keller und traf sie kurz darauf in ebendem Zimmer an, wo der Papa logieret hatte. Sie stand mitten darinnen; ich ging auf sie zu, und sie ließ sich unter den wiederholten Worten »Was haben Sie aber davon?« rückwärts bis ans Bett bugsieren, auf welches sie sich setzte und mich schalten und walten ließ. Ich machte mich über sie her, konnte aber vor ihrem dicken Bauche nicht aufs Wahre kommen, bis ich zween Stühle hinsetzte, wornach es mir herrlich gelang.

Ich setzte meine Besuche fleißig fort, fand es auch sehr nützlich, da sie mir ansehnliche Taschensubsidien bewilligte, und traf sie gemeiniglich im Nebenzimmer an, wo sie Mittagsruhe hielt und worein man durch die Küche gehen mußte. Einesmals war ich auch bei ihr und eben unter der Arbeit, als die Türe aufging und ich bei meinem Umsehen den Herrn Wirt erblickte. Was sollte ich da tun? Ich wollte meinen Hengst geschwind herausziehen, besann mich aber doch anders und dachte, daß es besser sei, ihn gar nicht sehen zu lassen, um ihm kein Ärgernis zu geben, sondern lieber in seines Weibes Leibe zu verbergen.

Ich blieb also ruhig und erwartete das Weitere, allein es erfolgte nichts, und alles, was er sagte, war: »Soso. Nun, das gefällt mir.« Er ging wieder fort und machte die Türe hinter sich zu. Ich wollte mich auch davonmachen, aber die Frau sagte, ich sollte sie vollends expedieren, denn es wäre schon alles eins. Ich wollte ihren Willen erfüllen, allein der Schrecken war mir so sehr in den Zapfen gefahren, daß er sich krümmte und ich ihn durch alles Winden, Drehen und Drücken nicht mehr ermuntern konnte. Es war also nichts zu tun, als mich fortzumachen. Durch die finstere Küche fuhr ich wie ein Pfeil und duckte mich mit dem Kopfe; denn ich dachte, wenn er so auf der

Lauer stünde und schlüge mich mit der Ofengabel hinter die Ohren? – Aber es erfolgte nichts, und ich kam glücklich nach Hause, hütete mich aber, den Gasthof mehr zu betreten.

Kurz darauf war des Herrn Konrektors Namenstag. Nach Gewohnheit machten ihm sämtliche Schüler ein Angebinde, und einige davon wurden bei ihm zu Gast geladen. Ich war unter dieser Zahl und kam etwas später als die andern. Er hatte sie, weil das Essen noch nicht fertig war, in sein Naturalienkabinett geführet. Als ich kam, stand die Frau Konrektorin, eine große grenadiermäßige Blondine, in der Küche und sott eben einen Karpfen. Noch hatt' ich sie nicht gesehen; denn der Herr Konrektor hielt sie sehr kurz. Ich näherte mich ihr mit allem schuldigen Respekt und macht' ihr eine Menge Komplimente, die sie bloß mit einem einfältigen Lächeln erwiderte.

Ich merkte gleich, daß sie das Schießpulver nicht erfunden haben und etwas zu tun sein müsse. Während den Komplimenten machte ich noch den Versuch auf ihre Keuschheit und stieß sie etliche Male mit der Hutspitze an den Bauch, der, da sie eben schwanger ging, nicht leicht zu verfehlen war. Sie zuckte nicht im mindesten. Da sie mich aber erinnerte, ins Naturalienkabinett zu gehen, bat ich sie, sich im Kochen nicht stören zu lassen und zu erlauben, daß ich sie als das beste

Naturalienkabinett unseres Lehrers untersuchen dürfe.

Sie drehte sich lächelnd gegen das Feuer, und ich blieb hinter ihr stehen; da merkte ich dann, daß sie den Schlitz hinten hatte. Hurtig war die Hand darinnen. Sie sträubte sich zwar ein wenig, aber weil sie die Pfanne in der Hand hielt, die sie nicht gleich wegsetzen konnte, hatte ich Zeit genug, ihr das Hemde in die Höhe zu ziehen. Da ich nur einmal mit dem Finger in der Büchse war, hatte ich schon gewonnen, und sie rührte sich nicht mehr. Ich knöpfelte nun mit der einen Hand auf und legte die Lanze zum Turnier ein, die ich mit dem Finger verwechselte und ihr so tief in den Leib schob, als ich nur konnte. Endlich, nachdem ich dem jungen Herrn Konrektor den Kopf weidlich abgefeilet hatte, bedankte ich mich für die Wohltat und suchte die Gesellschaft. Sie kam mir eben entgegen; der Herr Konrektor bewillkommte mich und führte uns an den gedeckten Tisch. »Sie müssen schon vorliebnehmen«, sagte er, »Hausmannskost, weiter nichts.« — Als aber der Fisch auf den Tisch kam, ärgerte er sich, weil er verbrannt war; wovon ich die Ursache am besten wußte.

Unterdessen hatte der Gastwirt die ganze Naglungsgeschichte seiner Frau meinem Papa umständlich geschrieben und mich bei ihm verklaget. Ich wußte von nichts, bis ich eines Morgens zum Herrn Konrektor gerufen wurde. Er machte mir ein kleines Präludium von den Verführungen, in die ein junger Mensch geraten könnte, und erklärte mir, daß der Papa befohlen hätte, mich deswegen vorzunehmen und, künftig allem Unfuge vorzubeugen, bei ihm in Kost und Logis zu behalten. Er gab mir zugleich einen Brief, den ich in seiner Gegenwart lesen mußte. Er lautete also:

»Du nichtswürdiger Bube!

Eben hat mir mein guter Freund, der Gastwirt ›Zum Finstern Arschbacken‹, geschrieben, daß Du Dich erfrechet hast, seiner vielgeliebten Ehegattin auf eine gottlose Weise, nämlich mit über zween Stühle gelegten Füßen, nicht allein am hellen lichten Tage die Scham zu entblößen, sondern sie sogar mit Deinem hundsfött'schen Löffel, den ich Dir doch nur lediglich zum Prunzen erlaubet habe, in optima forma zu klapastern.

Sage mir nur, Du Teufelsjunge, wer es Dir schon in so frühen Jahren gelernet hat, wo Du ihn hinstecken sollst, damit er kein Raub der Katze werde! – Ich gewiß nicht. Wer hat Dir gesaget, daß die Weiber die Tonnen sind, worein Du Deinen unzeitigen Zapfen keilen sollst? Wer hat Dir den Weg ins Tal Jericho gezeiget, in welches nur denjenigen hinabzusteigen erlaubt ist, die die Kopulation bezahlet und sich in die Kirche haben pfeifen lassen? Endlich, wer hat Dir von der Süßigkeit der Begattung einen Vorschmack gegeben? – Ich gewiß nicht. Und dennoch kannst Du es so perfekt, daß sogar ein solches Weib, das einem doch gewiß keine Kindervotze vorleget, mit Deiner Arbeit zufrieden ist. Demohngeachtet aber kann ich Dein Begehen nicht loben; denn glaubst denn Du wohl, daß ein ehrlicher Mann gleichgültig dabei bleiben kann, wenn ein solcher Rotzbube wie Du seinem Weibe nach Gefallen im Leibe herumstöhrelt? – Nimmermehr!

Daß doch heutiges Tages die Jugend so ruchlos ist! – In Deinem Alter war mir eine Votze noch so gleichgültig wie eine Schale Holländertee; und als ich das erste Mal nagelte, da bezahlt' ich und machte keinen ehrlichen Mann zum Schafkopf.

Wisse demnach, daß ich von dergleichen Kinderein nichts mehr hören will. Ich habe Dich aus dieser Ursache zum Herrn Konrektor in die Kost bestimmt, damit er durch erbauliche Tischgespräche Deinen alten Adam ersticke. Sollte ich aber demohngeachtet wieder hören, daß Du anderer Leute Weiber einpudertest, so lasse ich Dich schneiden wie einen jungen Saubäcker, und dann heißt's mit Deiner Lanze Matthäi am letzten. Lebe wohl, Kanaille! Du bist ein Schurke und Esel wie ich

Dein treuer Vater.«

Ich erschrak so sehr über den Inhalt dieses Briefes, daß mir der kalte Schweiß ins Gesicht trat; aber der Herr Konrektor tröstete mich. »Wer sich schämet«, sagte er, »an dem ist noch nichts verloren. Sie werden diesen Fehler bei mir wiedergutmachen.« – Ja, dacht' ich, guter Schulmonarch! Solltest nur wissen, mit was für einem Zepter ich Deine Königin regalieret habe; würdest gewiß aus einem andern Tone mit mir sprechen. – Er ließ nun durch einen Taglöhner mit einer Schiebekarre meinen Koffer aus dem alten Quartier holen, und so wurde ich noch am selbigen Tage sein Kostgänger und zugleich der Bock im Garten. Sooft er nur den Rücken wandte, stäubte ich der Frau Konrektorin das Pelzwerk aus, damit ihr keine Motten darein kämen. Sie hielt wie eine Mauer, und wenn der Holzstall, der Keller, der Boden und der Hackstock hätten reden können, so würde der Herr Konrektor bisweilen sehr abenteuerliche Auftritte erfahren haben.

Ich ging itzt, da ich meine Hobelbank im Hause hatte, sehr selten aus; dies machte, daß er mich bei meinem Papa sehr gut empfahl und letzterer mir darüber einen Belobungsbrief zuschickte, worüber ich von Herzen lachen mußte.

Vor acht Tagen bekam meine Kostfrau eine neue Magd, die wirklich einer Todsünde wert ist, stark von Brust und Kreuz und recht dazu gebaut, einen Puff aushalten zu können. Gleich den zweiten Tag führte ich sie schon in Versuchung, schlich mich sehr früh in bloßem Hemde nach ihrer Kammer und dachte, sie sollte mich zu ihr ins Bette lassen; sie gab mir aber den Repuls und drohte sogar mit Schreien, wenn ich nicht ginge. Ich nahm also mein Lager wieder ein und ließ meinen Zorn am Bettuche aus, daß es geflicket werden mußte.

Da mir also die Hoffnung, sie durch einen Coup de main zu erobern, fehlgeschlagen, so habe ich itzt die Approchen regelmäßig eröffnet und will doch sehen, ob ich sie nicht zur Schamade bringen kann. Ich tröste mich, daß sie, ehe ein Monat vergehet, stehen soll wie ein Brandenburger. Lebe wohl. Ich bin

Dein Heinrich

Einundzwanzigster Brief
Ernestinchen an Fiekchen

Liebstes Fiekchen!

Deine Umstände waren traurig, und meine werden es itzt. Ich bin nicht mehr des Herrn Rittmeisters Geliebte, sondern bloß eine Vettel. Und wer ist daran schuld? Ein neuer, gelbschnäblichter Kadett. Das Bürschchen kam erst von der Mama, hatte zwo Sackuhren, Ringe, silberne Sporen, aus beiden Säcken weiße Schnupftücher hängen und war überhaupt geputzt wie der Herzkönig in der französischen Karte. Er machte mir Cour, gefiel; und ach!, da er mir seine Willensmeinung eröffnete, einen Türken mit mir zu schießen, bot ich ihm meinen Schoß zur Batterie an.

Wenn ich gleich nicht glaube, daß mich der Himmel unmittelbar wegen meiner Untreue an Herrn Rittmeister gestrafet habe, so brachte mich doch dieser erste Schritt zu weiteren Proben; denn ich dachte, einer mehr oder weniger ist nun gleichviel. In kurzem ließ ich den Adjutanten bei mir abteilen; dann erlaubte ich dem Pauker einen Wirbel; diesem folgte der Sattler mit dem Pfriem;

und endlich ließ ich mir auch vom Schwadronsschmied ein Eisen aufschlagen.

Einmal abends begleitete mich letzterer von einem Spaziergange bis zum Hause, wo er mir noch einen Kuß gab und mich verließ. Da ich zur Türe kam, wo die Schildwache stand, redete mich der Reiter an und drohte, es dem Herrn Rittmeister zu melden. Ich bat ihn um alles in der Welt, daß er mich nicht verraten möchte; ich konnt' ihn aber nicht eher zu diesem Versprechen bringen, als bis ich mich entschloß, mit ihm in das Schilderhaus zu treten, welches dicht an einem kleinen Bache stand. Er lehnte mich darinnen an und schob mich, daß mir die Seele aus dem Leibe hätte fahren mögen; überdies rieb mir das Schloß seines Pallaschkoppels fast den Bauch auf. Zum größten Unglück war das Schilderhaus ohne Fundament und nur so hingestellt wie ein Meisenkasten. Da nun der Kerl den Küraß anhatte und alle Gewalt anwandte, bekamen wir das Übergewicht und fielen mitsamt dem Hause in den Bach.

Wir wollten uns in der Stille heraushelfen. Weil er sich aber im Falle mit der Pallaschscheide in meine Röcke verwickelt hatte, machten wir ein gewaltiges Geplätscher: Da kam denn der Korporal, seinem Reiter zu helfen, und sah den wunderlichen Scharmützel. Um seinen Rittmeister nicht zu beleidigen, ließ er mich laufen. Ich schlich ins

Zimmer, mich umzukleiden; doch ehe ich es vollenden konnte, war mein Herr da. Er wußte schon die ganze Geschichte, nahm im ersten Zorn die Hundspeitsche und hieb mich ein paarmal im Zimmer herum; der Reiter aber bekam den andern Tag dreißig Prügel. Da war denn die Estime auf einmal dahin.

Er versöhnte sich zwar mit mir in kurzem wieder und hat mir seitdem verschiedene Proben seiner Vergebung bei Tag und im Finstern gegeben; allein er ist doch der vorige nicht mehr, und ich merke, daß er mich itzt mehr zu seiner Notdurft als aus Liebe um sich leidet. Ich zweifle sehr stark, liebstes Fiekchen, daß ich seine vorige Zärtlichkeit wiedererhalten werde, da ich ihn so beleidiget habe, doch will ich all mein Möglichstes tun. Ich bleibe

Dein Ernestinchen

Zweiundzwanzigster Brief
Fiekcken an Ernestinchen

Bestes Ernestinchen!

Erinnerst Du Dich, daß ich Dir geschrieben, wie mich ein vornehmer Herr im Theater mit dem Sperrbäcktüfe betrachtete? Ich kenne ihn schon sehr gut und bin sogar in genaue Konnexion mit ihm gekommen. Sein Laufer, dem mich der Herr gut beschrieben hatte, zubelte mich in der Kirche auf und versah die Stelle des Liebesambassadeurs. Es wurde zwischen uns abgehandelt, daß ich mit Wilhelm zu einer bekannten Madame ziehen und sein Herr Logis, Kost und Kleider für mich bezahlen, auch mir monatlich noch zwölf Taler Stecknadelgeld geben wolle. Ich verließ also den Tanzmeister und zog zu meiner neuen Wirtin. Sie ist noch jung, schielet aber auf beiden Fenstern und mag mit der Kuppelei umgehen können.

Am nämlichen Tage brachte mir der Laufer ein Päckchen Wäsche von seines Herrn hochsel. Gemahlin; weil, wie er sagte, große Herren nicht gewohnt wären, unter zerissene Hemden zu greifen – und des Abends bekam ich schon die erste Knallvisite. Wilhelm wurde weggeschickt, und nun mußte ich mich in Gegenwart der Madame Listiginn (so heißt sie) auf den Rücken auf einen Tisch legen. Sie deckte mir die Röcke auf, und der alte Herr waffnete sich mit der Brille und besichtigte mir die Artischocke mit aller Genauigkeit, maß sie auch mit dem Zollstocke; dann roch er daran, und endlicht tauchte er den Finger darin und tippte sich damit an die Zunge. Wie das vorbei war, mußte mich Madame Listiginn mit ihm allein lassen, und er befahl mir, seine Hosen aufzuknöpfen und an seinem Schlauch zu spielen. Ich tat mein Möglichstes, und er zog währenddeme ein Papierchen aus der Tasche und kaute etwas daraus, das, wie ich nachher erfuhr, ein Extrakt von gewissen Meerfischen, Sperlingseiern, Schokolade, Sellerie, Hasenschwänzchen und spanischen Mücken war.

Durch diese vereinten Mittel bekam endlich sein Senkel eine halbe Steife, und er fing ein ernstlicheres Spiel mit mir an; doch – er fing's nur an, und wenigstens sah ich den guten Willen. Er kehrte also unverrichtetersache nach Hause, und so ging's alle Tage.

Madame Listiginn gab indessen verschiedenen jungen Herren von meinem Dasein Nachricht, zu denen sie mich entweder ins Haus führte oder sie zu mir kommen ließ; das ihr denn immer etliche Taler abwarf, wovon sie mir etwa acht Groschen zufließen ließ.

Wilhelm begonnte, bei den öfteren Besuchen des alten Herrn eifersüchtig zu werden. Er murrte nicht allein gegen ihn, sondern ließ sich sogar mit einigen groben Reden heraus. Der alte Herr, der nicht viel vertragen konnte, nahm ihn bei der Karthaunse und peitschte ihn tüchtig ab, worauf er uns, ohne Abschied zu nehmen, verließ.

Ich dachte nicht, daß dies üble Folgen haben würde; aber er ließ sich von diesem Tage an nicht mehr sehen. Es wurde die monatliche Kostbezahlung gefällig und erschien kein Geld. Hier muß ich Dir berichten, daß ich die Madame Listiginn einige Male betrogen und mir einige Bestellungen gemachet, von deren Abwurfe ich ihr keinen Anteil hatte nehmen lassen. Sie war daher schrecklich gegen mich aufgebracht, legte mir eine horrende Rechnung vor und drang auf die Bezahlung.

Zum größten Glücke begegnete mir der Laufer, den ich ersuchte, meine Verlegenheit seinem Herrn vorzustellen. Er versprach's. Nachmittags kam er schon mit der Nachricht, daß sein Herr alles wieder wie vorher tun würde; aber den naseweisen Buben, den Wilhelm, müßte ich aus dem Hause schaffen. Was wollte ich tun? An Wilhelm war mir ohnedem nichts mehr gelegen. Ich mietete ihm also eine Kammer in einem anderen Hause und wußte ihn durch das Versprechen, daß ich bald unter einer andern Gestalt mit ihm leben wolle, zu trösten.

Der alte Herr setzte nun seine Besuche wieder fort, aber ich hatte mir vorgenommen, mich an ihm zu rächen, weil er mich erst wollte sitzenlassen; und ein Umstand brachte mich bald auf die Sprünge. Ich war nämlich an einem Abend auf dem Tanzsaale und bemerkte unter den Zuschauern den Polizeikommissar verkleidet. Er ging auf mich zu. »Nun, wie steht es, Fiekchen«, hub er an, »gibt's noch nichts zu fischen?« Gleich besann ich mich auf meinen alten Herrn, entdeckte ihm die Sache und machte also einen Judas, und er versprach mir den dritten Teil von der Strafe. Noch mußte ich ihm die Stunde sagen, wenn er mich zu besuchen pflegte, und so schieden wir voneinander.

Den folgenden Tag, als mein alter Herr bei mir war und ich ihm eben an seinem schlappen Schächer spielen mußte, pochte man an der Türe. Er wollte geschwind einpacken; ich hielt ihn aber so fest am Sacke, daß er alles Hin- und Widerrutschens ohngeachtet nicht loskam und ihn der hereintretende Kommissär in dieser possierlichen Stellung sah.

»Genieren sich Ew. Gnaden nicht«, fing er an, »ich bin zwar nur hierhergekommen, diese Demoiselle abzuholen, da ich aber das Glück habe, Ew. Gnaden, und zwar in einer so seltenen Beschäftigung, hier anzutreffen, so muß ich bitten, daß Sie sich unsere Gesellschaft gefallen lassen und mitgehen.«

Der alte Herr schnaubte Donner und Wetter. Da er aber sah, daß sich der Kommissär dadurch nicht schröcken ließ, gab er gute Worte, fand sich mit ihm ab und stellte sogleich einen Wechsel von 6 000 Talern aus, wonach er sich empfehlen durfte. Ich wurde nun in einem zugemachten Wagen ins Polizeihaus gebracht, aber nicht in eine Gefangenenstube, sondern in des Kommissärs Wohnung, bei welchem ich sechs Tage und Nächte blieb, wohlbewirtet wurde und Weibesdienste versah, bis der Wechsel bezahlet war und ich meinen Anteil eingestrichen hatte; worauf ich unter den höflichsten Dankbezeigungen wieder auf freien Fuß kam.

So viel Geld hatte ich noch nie beisammen gesehen und dünkte mich reicher als eine Königin. Ich schickte nach einem Lohnlakai, welcher mir ein eigenes Quartier aufnehmen mußte, und bezog es auf der Stelle, ohne mehr zur Madame Listiginn zu gehen. Den dritten Tag darnach paradierte ich in einem neuen Kleide von geschnittenem Samt in der Kirche und zog aller Männer Augen auf mich. Wie ich herausging, schlich mir ein junger Herr nach und lispelte mir unter der Türe ins Ohr, ob er mich begleiten dürfe. Ich nickte mit dem Kopfe, er verstand es und folgte mir in mein Zimmer. Übrigens war er nett gekleidet und sehr artig.

Ich wollte dick gegen ihn tun und lud ihn zum Mittagessen, und da er es nach einigem höflichen Weigern annahm, ließ ich zwei Portionen zu einem Taler aus dem Hôtel de S** bringen. Da es die Rede gab, erklärte ich ihm, daß ich keine Eltern mehr habe, ein gebornes Fräulein, und hierhergekommen sei, um eine Majorennität zu erkaufen. Er nannte sich von einer bekannten Familie aus dem Elsaß und gab vor, daß er nächstens bei Hofe plazieret werden würde.

Hierauf erklärte er mir seine Liebe in so zärtlichen Ausdrücken, die einen Stein hätten rühren müssen, und da mir seine Karessen sehr wohl gefielen, wurden wir bald eins. Er versicherte mich, daß er mich anbetungswürdig fände. War das nicht charmant gesagt? – Wir versprachen einander ewige Treue und setzten einen Liebeskontrakt auf. Er stach sich in den Finger und unterschrieb ihn mit seinem Blute und forderte mich auf, ein gleiches zu tun; da ich nun gleich mein Monatliches hatte, war es mir leicht, ohne mich in

den Finger stechen zu dürfen. Er macht seine Sachen fürstlich, das muß ich gestehen; aber Du mußt das Wort fürstlich nicht in eigentlichem Verstande nehmen, denn ich bin überzeugt genug, daß mancher Schmiedeknecht oder Schuster wohl zehn Fürsten und Grafen in den Sack und wieder heraus buchstabieren könnte.

Wir leben wie Mann und Weib, und ich nehme nichts von ihm, hingegen drücket er auch ein Auge zu, wenn mich jemand besuchet. Wilhelmen habe ich mit unbekannter Hand drei Louisdore als eine Abfertigung zugeschickt, und er soll mein Quartier nicht erfahren. Und was sollte ich auch bei meinen itzigen Umständen mit ihm tun? Er ist ein gar zu junger Bursch und macht mir kein Ansehen; überdies haben sich schon oft meine Kunden vor ihm gescheuet, weil er nie so polit war, Platz zu machen, im Gegenteil als ein unbescheidener Esel mir über dem Hals geblieben, sie wie ein Maulaffe angegaffet und öfters ausbleiben gemachet hat.

Lebe wohl, bestes Ernestinchen, ich lebe itzt in Herrlichkeit und in Freuden und wünsche nichts mehr, als daß ich Dich, wenn Deine Drangsalen vorbei sind, in ebensolchen Umständen wissen möge. Ich bin ewig

Dein Fiekchen

Dreiundzwanzigster Brief
Heinrich an Wilhelm

Bester Wilhelm!

Meine Belagerung ist mir teuer zu stehen gekommen. Die Margaret (so hieß des Konrektors Magd) hat das Belagern wirklich besser verstanden als ich und mich zum Gefangnen gemachet. Stelle Dir vor: Das Mensch hatte einen Werber zum Liebhaber, der mir schon lange nachstand und es deswegen in unser Haus zu bringen wußte.

Ich kam in kurzem mit meiner Sappierung so weit, daß sie mir versprach, sich mit nächstem Sonntage von mir karniffeln zu lassen, und zwar bei einem Spaziergange. Ich ließ mir das gefallen. Am bestimmten Tage führte sie mich vor das Tor und bat mich, im nächsten Wirtshause ein Glas Wein mit ihr zu trinken. Ich wollte mich nicht schimpfen lassen und ging mit ihr hinein. Wir hatten schon das dritte Glas ausgetrunken, da kam ein Wachtmeister von der Werbung herein, der tat, als ob er uns von ohngefähr erblickte, und nannte Margaret seine liebste Base, die ihn auch mit aller Freundlichkeit empfing. Er bat um Erlaubnis, sich mit an unsern Tisch zu setzen; Margaret trank ihm mit meiner Bewilligung ein Glas zu, und er ersuchte uns um die Freiheit, auch eine Bouteille hergeben lassen zu dürfen.

Es wurde tapfer losgetrunken. Ich erinnerte Margaret an ihr Versprechen, und sie vertröstete mich von einem Augenblick auf den andern. Endlich, da sich schon mein Kopf zu drehen anfing, sagte sie mir ins Ohr, ich möchte mit ihr in eine Kammer gehen. Ich folgte ihr nach, und sie führte mich in eine finstere Kammer, die sie hinter uns zuschloß. Es stand ein Bette darin, auf welches sie mich zog, und ich machte meine Sachen, so gut ich konnte; als ich aber fertig war, drückten mir Wein und Mattigkeit die Augen zu.

Ich schlief, bis es Tag war und ich von einem Gepolter an der Türe gewecket wurde. Wie ich aufsah, erblickte ich den Vetter der Margaret nebst noch einem Unteroffizier; das Mensch aber war verschwunden. Ersterer fragte mich, wie ich diese Nacht bei ihm geschlafen hätte. »Sehr gut«, sagt' ich. Und er: »Es freuet mich.« Ich erwähnte, daß ich itzt nach Hause gehen müsse und einen Verweis befürchtete, weil ich über Nacht aus dem Hause geblieben. »Das hat nichts auf sich«, erwiderte er, »der Konrektor hat Ihnen nichts mehr zu befehlen.« Da ich demohngeachtet darauf drang wegzugehen, erklärte er mir das Rätsel: Ob ich denn nicht mehr wisse, daß ich mich gestern abends anwerben lassen? Ich erstaunte über diese Rede; er hieß mich in den Sack greifen, wo ich mein angenommenes Handgeld finden würde. Ich suchte nach und fand wirklich sechs Taler in den Hosen, die mir vermutlich das verruchte Mensch hineinpraktizieret hatte und ich ihm itzt für Zorn vor die Füße warf. Hier spannte er andere Saiten auf und fing an, ich sollte Respekt vor seines Fürsten Geld brauchen, sonst würde er mich zur Raison bringen.

Nun hub ich an zu weinen; doch er tröstete mich und tat mir den Vorschlag, wenn ich das Handgeld nicht annehmen wollte, so wolle er mir einen Kontrakt aufsetzen, daß ich mich auf Avancement anwerben lassen, und den sollte ich unterschreiben. Aus zweien Übeln erwählt' ich also das beste. Der Werber bestellte gleich die Post und brachte mich über die Grenze, wo er mich einem Transporte übergab, den einige Kommandierte mit großen Fanghunden begleiteten. Gestern sind wir beim Stabe angekommen, und morgen soll ich zur Fahne schwören.

Was kann ich machen, als mich geduldig drein ergeben? – Laß es Dir zur Warnung dienen, liebster Wilhelm, und nimm Dich vor solchen Schnapphähnen in acht. Indessen lebe tausendmal wohl. Sollte ich wieder einen guten Menschen finden, der Dir Nachricht von mir bringen wollte, so würde ich Dir den ferneren Verlauf meiner Begebenheiten umständlich berichten. Ich bin indessen

Dein Heinrich

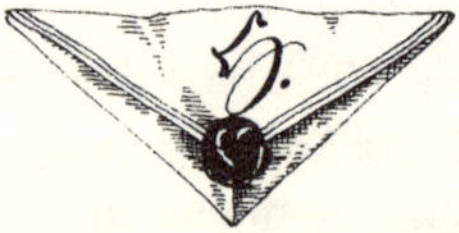

Vierundzwanzigster Brief
Ernestinchen an Fiekchen

Liebstes Fiekchen!

Das Maß meines Unglückes ist nun leider ganz voll geworden, und ich bin in den traurigsten Umständen; nicht mehr die Haushälterin, die geliebte Ernestine des Herrn Rittmeisters, sondern – das Weib des Vizetrompeters.

Der Herr Rittmeister griff mir vor einiger Zeit an den Bauch. »Mensch«, sagte er, »ich glaube gar, du bist trächtig.« Ich erwiderte, daß ich es nicht wisse, hätte aber schon einige Zeit her ein gewisses Krabbeln im Leibe gefühlet, das mir sehr wunderlich vorgekommen wäre und Übelkeiten verursachet hätte. »Richtig«, fuhr er fort, »du wirst bald hecken.«

Ich dachte, er würde sich freuen, wenn ich ihm einen Erben schenkte; aber ich irrte mich.

Er ließ den Vizetrompeter kommen und frug ihn, ob er Vater zu meinem Kinde sei, und da er es bejahte, wurde der Dorfkaplan gerufen, der sogleich sein Hokuspokus machen und uns zusammenkuppeln mußte. Da kann man wohl mit Recht sagen, daß er die Kuh mitsamt dem Kalbe hat, und ich bin nunmehr die Frau Vizetrompeterin.

Aber das Übelste steht mir noch bevor. Wir haben schon die zweite Ordre erhalten, in Krieg zu ziehen, und mein Mann will mich nicht zurücklassen.

Er hat vorgegeben, daß ich mich nun vorschriftmäßig tragen müsse, und mir alle meine Kleider und Sachen bis auf zwei Hemden verkauft, weil er sich noch einige Stangen Stiefelwichse machen, auch einen Vorrat von Haarpuder und Pomade und eine Partie Speck und geräucherte Würste nebst etwas Danziger auf den Marsch einkaufen will. Er hat mir dafür ein Ärmelwams von weißem Fries machen lassen, das mich schrecklich reibet und worinnen ich mich ganz entsetzlich schäme. Du lieber Himmel, wie ich nun heruntergekommen bin! – Und in fünf Tagen, heißt es, werden wir marschieren, und ich werde müssen zu Fuße gehen und das Kind wie eine Zigeunerin auf dem Buckel tragen. Ich darf nicht vordenken.

Du bist itzt in glücklichen Umständen. Da Du jederzeit meine Freundin warest, so zeige Dich mir doch itzt in der Not und hilf mir mit etlichen Talern, welche ich Dir, sobald ich eine gute Beute machen werde, wieder ersetzen will und die Du nur an unsern Stöckelknecht, den ich sehr speziell kenne, adressieren darfst.

Ich erwarte von Dir noch dies letzte Schreiben und bin bis an die Grenzen meines Elendes

Deine Ernestine

Fünfundzwanzigster Brief
Wilhelm an Ernestinchen

Hochedle, hochzuehrende
Frau Vizetrompeterin!

Ob ich gleich nicht anders die Ehre habe, Sie zu kennen als aus einigen zärtlichen Briefchen, die Sie an mein ehedem geliebtes Fiekchen erließen, so bin ich doch so frei, Ihnen in ihrem Namen zu antworten und wegen Dero betrübten Umständen zu kondolieren.

Fiekchen liegt nun schon seit sechs Wochen, ganz außerstand, Ihnen zu antworten, im Spital, und Dero geehrtestes Schreiben ist zum Glück in meine Hände gekommen. Damit Sie sehen, wie sich das Glücksrad zu drehen pflegt, muß ich Ihnen einen kurzen Abriß ihrer Begebenheiten machen.

Ich mußte vor einiger Zeit ihres Vorteils wegen von ihr ziehen, wobei sie mir aber versprach, mich nächstens wieder zu sich zu nehmen und mit mir auf einem glücklichern Fuß zu leben. Nach acht Tagen wollte ich sie besuchen, erfuhr aber, daß sie Tages vorher von der Polizei abgeholet worden und sich im Zuchthause befände. Meine Traurigkeit darüber war unbeschreiblich. Ich frug von dieser Zeit von Tag zu Tage nach ihr, und niemand konnte mir die geringste Nachricht geben. Ich dachte nun gewiß, daß sie auf irgendeine Festung versendet worden, und gab alles fernere Nachforschen auf.

Endlich ging ich einmal über den großen Marktplatz und sah eine Dame vor mir hinschleichen, die eine mit Perlen durchzogene Frisur in der Größe eines kleinen Heuschobers auf dem Kopf trug und ein langes Schleppkleid von rosenfarbenem Taft anhatte. Hinter ihr ging ein bordierter Bedienter, und sie selbst machte so gravitätische Schritte, daß des Jupiter seine Juno, wenn sie noch auf der Welt gewesen wäre, von ihr hätte müssen gehen lernen.

Wie erschrak ich aber, als ich sie im Vorbeigehen anblickte und in ihr mein verlornes Schäfchen, mein angebetetes Fiekchen erkannte! Ich zog in dieser Verwirrung den Hut ab und machte ihr eine tiefe Reverenz, die sie aber nicht erwiderte, sondern die Augen von mir wegschlug. Ich wollte es wiederholen, aber sie wich beständig so aus, daß zwischen uns vorbeigehende Leute kommen mußten, die mich von ihr entfernten.

Ich trat also zurück und ging ihr immer auf etliche Schritte nach, bis sie am Ecke der Straße wegen der hereinlenkenden Kutschen stillestehen mußte. Itzt nahm ich mir das Herz und trat zu ihr. Sie wurde feuerrot, als ich sie ansah. »Fiekchen, bestes Fiekchen«, hub ich an, »wie freue ich mich, daß ich dich endlich wieder so glücklich –« Hier unterbrach sie mich: »Monsieur, Sie werden mich verkennen.« Ich erstaunte. »Wie, Fiekchen? Kennst du denn deinen Wilhelm nicht mehr?« – »O ich bitte mir's aus«, erwiderte sie, »ich weiß mich nicht zu erinnern, daß ich mit Ihnen Schweine gehütet hätte, und kenne auch keinen Wilhelm.« Ich wollte fortreden; da aber die Passage wieder offen wurde, ging sie weiter und schlug sich quer über die Gasse, meiner loszuwerden. Endlich ging sie in ein Haus, und ich folgte ihr unter die Türe. Hier packte ich sie noch einmal an: »So erlauben Sie mir doch wenigstens ein paar Worte!« – »Ei so lassen Sie mich doch ins Teufels Namen in Ruhe!« fuhr sie heraus. »Ich weiß gar nicht, was Sie wollen.« Unter diesen Worten bestieg sie eine schmale Schneckentreppe, und der Flegel von Bedientem, da er ihren Unwillen sah, hieß mich noch zu allem Überflusse meiner Wege scheren.

Den folgenden Tag, da der Bediente nicht zu Hause war, ließ ich mich unter einem fremden Namen bei ihr anmelden, und da mich die Magd einließ, traf ich sie mit einem Windmarquis auf dem Kanapee sitzend an. Er stand auf, frug mich, was ich wolle, und da ich mit ihr zu sprechen verlangte, fing er an: »Sie können auch mir Ihr Anliegen sagen.« Sie hatten mich hierauf beide so zum besten, daß mir die Tränen in die Augen stiegen und ich vor Zorn hätte zerspringen mögen; mußte also unverrichtetersache wieder fort.

Gleichwohl machte ich noch einen Versuch und schrieb ihr einen der wehmütigsten Briefe, die jemals können geschrieben worden sein; allein sie gab mir nicht die geringste Antwort, und da ich ihr nach der Hand noch einen schrieb, schickte sie mir solchen unerbrochen zurück. Ich dachte also, laß das Sauleder gehen, und bekümmerte mich von der Stunde nicht weiter um sie.

Gleich darauf hatte ich das Glück, als englischer Junker bei einer Dame in Dienste zu kommen, wo es mir sehr gut gehet. Ich wurde da mit einem Friseur bekannt, der Fiekchen und ihren sauberen Herrn gut kennet. Er erzählte mir, dieser windige Bursche sei nichts weniger als ein Kavalier, sondern ein bloßer Aventurier, den man nur den Chevalier de la Fortune nenne. Er bringe sich mit seinem Schw... durch, und wenn es da nichts zu tun gäbe, wisse er sich der Gutherzigkeit der Kaufleute und Schneider auf eine geschickte Art zunutze zu machen und betröge sie oft beide.

Das gute Fiekchen, fuhr er fort, hätte viel Geld gehabt, das sie aber nach und nach alles an den Pflastertreter gehangen und seinetwegen noch Schulden gemachet hätte. Er wäre, da er sie so ausgeschälet, nicht mehr zu ihr gekommen, und sie hätte sich gezwungen gesehen, auf ihrer unmelodischen Geige häufige Akademien für Schinder und Schaber zu geben. Bei dieser Wirtschaft wäre sie bald venerisch geworden und, nachdem sie einige angestecket und es einer dem andern gesaget, endlich von allen verlassen worden.

Lange Zeit habe sie an sich selbst gedoktert, endlich aber der Schanker so überhandgenommen, daß man sie ins Spital schaffen müssen. – Er habe erst vor kurzem mit einem Feldscher gesprochen, der ihm erzählet, daß man ihr schon den halben Stimmstock von ihrer Hausgeige habe wegschneiden müssen und sie wohl schwerlich mehr viel damit spielen werde. Sie sei übrigens in so schlechten Umständen, daß man alle Augenblicke den Brand erwarte.

Ich kann sie nicht besuchen; denn da ich sie noch immer liebe, so würde mich's zu sehr schmerzen, wenn sie vielleicht ihr Unrecht an mir erkennte und weinte. Ich wünsche ihr nur ein glückliches Ende und daß sich der Himmel ihrer erbarmen möge.

Ihr Unglück soll mir zu einem Beispiel dienen,

und ich will mich von nun an vor allen Ausschweifungen hüten.

Schenken Sie ihr, so wie ich, noch einige Tränen des Mitleidens und ergeben Sie sich in Ihr Schicksal. Es ist doch immer viel besser als Fiekchen ihres. Am Ende wünsche ich Ihnen alles Glück zum bevorstehenden Kriege und Gelegenheit zu guten Plünderungen; empfehle mich zu geneigtestem Angedenken und ersterbe in tiefster Devotion

meiner hochzuehrenden Frau Vizetrompeterin ergebenster Diener

Wilhelm

Worterklärungen

Akzeß Zutritt
Alkoran Koran; heiliges Buch des Islam
anbinden beschenken
applizieren befleißigen
Approbation Billigung
Approchen Annäherungen
aufdamen beim Damespiel einen Stein verdoppeln, d. h. eine Dame gewinnen; zweideutig auch für begatten
Avancement Beförderung
Aventurier Abenteurer
Bouteille Flasche
Carmina Lieder, Gedichte
Chevalier de la Fortune Glücksritter
Coup de main Überrumplung
Cour Hof
Danziger Danziger Jopenbier; sirupartiger, zum Verdünnen bestimmter süßer Dunkelbierextrakt
Démêlé Streit
derangieren zerrütten
Dicentes unnütze Worte
Docke Spielpuppe
Dückedonne Ducaton; talerförmige niederländische Münze

düpfen leicht berühren, kurz eintauchen
Dysenterie Ruhr
Estime Achtung
expedieren abfertigen
exponieren erklären
expresse nachdrücklich
extemporieren aus dem Stegreif reden
Fatum Schicksal
Gebräme Randbesatz
Gurre Gaul
hudeln verächtlich behandeln; plagen
Hutzeln Dörrobst
hutzen stoßen
Karessen Schmeicheleien
karniffeln begatten
Karthaunse Kragen, Schopf
klapastern polternd reiten, derb begatten
Knoten Handwerksburschen
Konnexion Verbindung
Konventionstaler Münzsorte mit zwischen Österreich und Bayern 1753 vereinbartem gleichem Feingehalt
Liebesambassadeur Liebesbotschafter
Majorennität Mündigkeit
nisseln herumwühlen
polit höflich
Politesse Höflichkeit
Pontac Bordeauxwein aus Médoc
pronue lobhudlerisch
prunzen urinieren
Radewelle Wellrad, einfache Maschine

Rapée geriebener Schnupftabak
Rauches Rauhes, Pelziges
regalieren beschenken
Repuls Abweisung
Revenuen Einkünfte
salva venia mit Verlaub
Sappierung Vorbereitung des Angriffs auf eine Festung
Schaff Becken, offenes Gefäß
Schamade Signal zur Verhandlungsbereitschaft oder Kapitulation
sieben vereinigte Provinzen niederländische Nordprovinzen, die sich 1579 zur Utrechter Union vereinigten
Sperrbäcktüfe Wortverdrehung von Perspektiv; kleines Fernrohr
Spitzruten Spießruten
Staupbesen-Kollation Prügelstrafe
Stöckelknecht Auspeitscher, Vollstrecker der Prügelstrafe
Stöhnerstube Schlafgemach
Taschensubsidien Taschen-, Hilfsgelder
traktieren bewirten
überzwerch schräg
verpalisadieren verbarrikadieren
zertragen nicht vertragen, streiten
zubeln treiben

ISBN 3-359-00028-5

1. Auflage

Lizenz-Nr.: 540/53/86 · LSV 7101
Umschlag- und Einbandentwurf: Uwe Häntsch
Printed in the German Democratic Republic
Lichtsatz: INTERDRUCK Graphischer Großbetrieb
Leipzig – III/18/97
Druck und buchbinderische Verarbeitung:
LVZ-Druckerei »Hermann Duncker«,
Leipzig – III/18/138
620 867 5

01380